JOHNNY HALLYDAY
LES MOTS DE SA VIE

Conseil éditorial : Alain Ammar
Correction : Isabelle Chave
Maquette : Elisabeth Chardin
Relecture : Agnès de Livron Duhamel
Couverture : le-petitatelier.com
Photographie de couverture : Michel Linssen / Gettyimages

76, boulevard Pasteur, 75015 Paris
ISBN : 979-10-285-3198-0

JOHNNY HALLYDAY
LES MOTS DE SA VIE

Bernard Pascuito

LEDUC

SOMMAIRE

INTRODUCTION

Même la mort avait fini par le croire insaisissable. Il était toujours très en retard sauf quand il s'était agi de devenir célèbre. Il avait alors pris une confortable avance sur l'horaire habituel. Le reste du temps, il donnait l'impression de retarder les échéances. Il n'aimait pas les contraintes parce qu'elles l'étouffaient. Réellement. Et quoi de plus contraignant qu'un horaire.

Cela datait de l'enfance, désolante et vide, même si elle ne fut, dans son cas, qu'un simple moment entre le néant et la gloire, à même pas dix-sept ans.

« Je suis un enfant de l'ennui et nous sommes une famille nombreuse. » Il aurait pu faire sien cet aveu de Vincent Duluc[1]. Surtout, il ne s'est jamais déparé par la suite de cette forme de lassitude qui confine parfois à la mélancolie. Cette façon de regarder ailleurs, comme pour dire, j'ai mes brouillards et mon beau temps au-dedans de moi.

Le succès n'y avait rien changé, il traînait sa désespérance dans tous les coins du monde, sans jamais la laisser paraître, sauf lorsqu'il chantait. C'était alors le moment idéal de la mettre en scène, et c'était comme si ça le rendait heureux.

Goldman l'avait bien compris qui lui avait offert *L'Envie*. « Qu'on me donne l'envie, l'envie d'avoir envie, qu'on allume ma vie. »

---

1. *In Un printemps 76*, Stock, 2016.

Il a toujours eu besoin des autres pour chanter ses combats intimes, ses défaites, ses émotions, ses peurs et ses regrets. Ce n'étaient pas ses mots mais les sensations lui appartenaient. *Elle m'oublie, Derrière l'amour, Sang pour sang, Retiens la nuit, Je te promets, Que je t'aime, Diego, Entre mes mains, Noir c'est noir, Fils de personne, Comme si je devais mourir demain, Fou d'amour, Marie, Mal, Pas cette chanson, J'ai oublié de vivre*... C'était aussi gai qu'un roman de Michel Houellebecq et il ne faisait que parler de lui mais il savait donner de la force aux paroles, les magnifier. Il n'y avait pas que sa voix, les yeux aussi semblaient dire les peines et les craintes. Personne alors ne remarquait que, derrière son sourire douloureux et abstrait, le regard, peu à peu, s'enfonçait dans un flou où il aimait à se perdre.

Il ne s'est jamais demandé s'il avait réussi sa vie, avait horreur des bilans et des certitudes. Sa préférence allait aux étonnements magnifiques plutôt qu'aux accommodements raisonnables. Sa grande surprise, c'était d'être encore vivant. Certes, dans son cas, cela relevait de l'exploit.

« Vivre vite, mourir jeune et faire un beau cadavre ». Il avait loupé la deuxième marche et la petite phrase de James Dean[2], mort à vingt-quatre ans dans un accident de voiture, sur une route américaine, l'a accompagné plus longtemps qu'il n'aurait cru. Il vivait comme Dean, conduisait comme lui, et ne refusait pas l'idée de mourir de la même manière. La vie est souvent injuste.

Avec le temps qui semblait filer, sauf pour lui, il a toujours donné l'impression de jouer les prolongations, repoussant les limites affichées

---

2. Attribuée faussement à plusieurs personnes dont Lou Reed, cette phrase est bien de James Dean qui l'avait lui-même repérée dans le film de Nicholas Ray, *Knock on Any Door* (*Les Ruelles du malheur*), 1949.

par ses contemporains, lesquels, après tout, avaient la faiblesse d'être des humains. Cela ne veut pas dire qu'il ne l'était pas. Il était d'une autre sorte d'humanité, comme quelqu'un qui revient de loin. Quand il chantait « Ceux que l'amour a blessés », des images venues de la petite enfance lui sautaient à la figure.

Maintenant, nous savons où il a terminé sa course : à l'église de la Madeleine, devant trois présidents de la République, un parterre de personnalités et une famille scindée en deux clans hostiles, déjà prêts à l'assaut. Le noir du deuil, le rouge du sang qui va jaillir, encore invisible. Comme dans toutes les tragédies.

Dehors, ce 9 décembre 2017, l'amour, la passion et le chagrin, l'emportaient. Son cortège funéraire descendait l'avenue des Champs-Élysées, suivi par sept cents motards venus honorer l'un des leurs, puis traversait la place de la Concorde jusqu'à l'église de la Madeleine. Entre 800 000 et 1 million de personnes assistaient à l'hommage suivi pendant de longues heures par des dizaines de millions de téléspectateurs à travers l'Europe.

La messe était solennelle, l'éloge funèbre d'Emmanuel Macron rempli de dignité. Le président saluait un homme qui était « beaucoup plus qu'un chanteur... une part de la France », ayant « connu les épreuves, les échecs » et « traversé le temps, les époques, les générations et tout ce qui divise la société ».

Philippe Labro[3], l'ami de toutes les saisons, avait l'honneur de prononcer à son tour un hommage. Mieux que personne, il connaissait Johnny jusqu'au fond de ses nuits blanches : « Johnny Hallyday n'espérait rien d'autre que survivre. Son désespoir était en lui depuis

3. Voir entrée « Labro (Philippe) ».

l'enfance, qui ne fut pas une enfance. Il risqua tout puisqu'il n'espérait rien. Il donna tout puisqu'on ne lui avait rien donné[4]. »

Dehors, la foule se taisait, respectueuse de cette amitié infinie qui se disait sobrement. À l'intérieur, cette scène de regrets éternels, cette ferveur révérencieuse plantée au cœur d'un lieu sacré qui ne semblait pas être fait pour lui. C'était jusqu'à la pointe des larmes et des mots la singularité d'un ancien trublion désormais sanctifié.

Avait-il changé tant que cela ? Toute sa vie a été un malentendu. Ce qui explique ses moments de flou, quand il semblait s'échapper en silence, rattrapé par des ombres venues de très loin. Alors, il s'absentait de tout et aussi de lui-même.

« À force de courir la terre comme un éclair… », chantait-il, mais en soixante-quatorze années il n'avait pas fait tant de chemin : moins d'un kilomètre entre le quartier de la Trinité où il était né et l'église de la Madeleine où la France lui a dit adieu.

Certains rêvent à leur avenir, lui aimait se réfugier dans ses « tendres années ». Sa chambre d'ado, 13, rue de la Tour-des-Dames, dans le IXe arrondissement de Paris, n'avait pas changé dans son regard. Comme Claude Moine devenu Eddy Mitchell, Christian Blondieau, qui s'appellerait plus tard Long Chris. Ils avaient quatorze, quinze ans, et il ne se passait pas grand-chose. La vie faisait grise mine, même les rêves étaient plombés.

Tout allait exploser en un rien de temps et le feu d'artifice brûlerait pendant soixante ans. Il ne le savait pas alors, bien sûr, et plus tard il aimerait cette idée que tout arrive soudain alors qu'on n'attend rien.

---

4. Philippe Labro, *J'irais nager dans plus de rivières*, Gallimard, 2021.

Plus les années défilaient, plus il se trouvait en délicatesse avec lui-même. Alors, il retournait dans les rues de son passé comme on s'égare dans l'œuvre de Patrick Modiano. Les titres de romans de celui-ci sonnaient comme des étapes de sa propre vie. *Villa triste, Remise de peine, Une jeunesse, Un cirque passe, Voyage de noces, Place de l'Étoile, Accident nocturne, De si braves garçons, La Ronde de nuit, Livret de famille.* Ils auraient aussi pu être des titres de textes chantés par Johnny. D'ailleurs, l'écrivain, pas plus bavard que le chanteur, avait concédé un jour qu'il écrirait bien pour lui. Après tout, Françoise Sagan, Philippe Labro, Daniel Rondeau, Vincent Ravalec, entre autres, s'y étaient collés. Finalement, ça ne s'était pas fait. On avait eu le temps de comprendre la similitude entre leurs personnages, quand même. Ces souvenirs qui s'égaraient sans cesse, ces dizaines de lieux communs éparpillés dans Paris, cette incapacité à délivrer ses émotions autrement que dans ses romans pour l'un, sur une scène pour l'autre. La seule différence entre eux, c'est que Modiano se servait de ses mots et que Johnny utilisait ceux des autres. Mais c'est lui qui leur donnait vie, les enchantait, au point de troubler au-delà de l'émotion, avec des paroles dont on aurait pu se moquer si elles avaient été chantées par un autre.

« Quand mon corps, lourd comme un cheval mort[5]... » Il fallait oser.

On le trouvait sans cesse là où on ne l'attendait pas. Dans des pubs ; sur le Paris-Dakar ; en héros de films de Godard ou de Costa-Gavras ; dans une reprise inattendue d'un tube sirupeux de Julio Iglesias[6], vieux de vingt ans ; à Gstaad, Bruxelles, Los Angeles, cherchant indéfiniment à échapper aux impôts (son sport préféré) ; au Vietnam pour

---

5. *Que je t'aime.*

6. Voir entrée « Intelligence ».

y adopter deux petites filles qui allaient lui donner l'occasion de jouer enfin les papas gâteau.

Il donnait l'impression d'enfiler les vies les unes après les autres comme on essaie inlassablement des habits neufs dans l'espoir de trouver celui qui nous ira à merveille. Il souriait souvent avec douceur. Parfois, il s'évaporait. Même en son absence, son sourire flottait dans l'air.

Le succès n'était pas toujours au rendez-vous. Arrivé au milieu de sa vie, il avait découvert que c'était le moment le plus menaçant, quand tout ce qui se profile va en se rétrécissant. Il découvrait aussi que, parfois, le talent n'est pas une maladie incurable. Pour un autre, on aurait évoqué une certaine forme de perdition. Un égarement perpétuel. Personne n'a jamais su ce qui se tramait là-dessous, sauf peut-être Sylvie.

Où allait-il ? Nous savons aujourd'hui que c'était à la Madeleine, en héros de la nation, pleuré par des dizaines de millions d'inconsolables. Cela ne répond pas à l'autre question, d'où venait-il ? De la Trinité, certes, comme Eddy Mitchell et Long Chris, et des tas d'inconnus, ce qui n'en dit pas beaucoup plus. Il venait de beaucoup plus loin, de territoires inconnus auxquels nous n'avons sans doute pas accès et il faut bien se résoudre à cet aveu absurde : nous l'avons beaucoup regardé, admiré, voire adulé, sans essayer de le *voir* au-delà des fards et des camouflages. Le résultat est là : nous l'avons aimé passionnément sans jamais rien comprendre à ce qu'il était. Et déjà à ses silences encombrants qui n'étaient rien d'autre qu'une manière de dire, ne me laissez pas seul avec tout cela.

Il nous a fallu nous débrouiller avec des images, comme celles que l'on colle, enfant, dans un album. L'idole des jeunes, le survivant, le caméléon, le rockeur, le romantique, l'orphelin sans larmes, le père mutique, le mari désordonné, l'ami rare, la bête de scène, le bagarreur, le désespéré, le Guignol, l'acteur réinventé, il était tout cela à la fois, et c'est un torrent. Avec l'intelligence, rare, en plus. Il aimait à dire que son métier c'était d'être Johnny Hallyday. Sa vie et son histoire montrent qu'il était beaucoup plus et beaucoup mieux que ça. Tout homme est un mystère, selon Labro, c'est une chance, pour ceux-là , de demeurer en partie insondables.

Avec ce livre, ces quarante mots qui composent autant d'aspects de Johnny, d'émotions, de visages aimés, de goûts et de peurs, de tendresse et de passions, il y avait de quoi reconstruire toute une vie. C'était aussi une manière de chercher à mieux le comprendre. Enfin. De s'en approcher au plus près. Nous est revenu dans ces moments le titre d'un roman de Jean-Paul Dubois, *Si ce livre pouvait me rapprocher de toi*[7]. Oui, si ce livre pouvait nous rapprocher de lui.

7. Éditions de l'Olivier, 1999.

ACTEUR

Quand il voulait justifier par l'humour son amour absolu pour le cinéma, Johnny disait : « Au moins, dans les films, on ne meurt pas pour toujours. »

Tout aurait pu bien commencer. En 1955, il était sollicité pour tourner un tout petit rôle (un élève) dans le film d'Henri-Georges Clouzot, *Les Diaboliques*. Un chef d'œuvre. Il n'avait que douze ans, et c'était l'occasion d'une première apparition. Hélas, la seule phrase qu'il avait à dire devait être coupée au montage. Jean-Philippe Smet n'apparaîtrait même pas au générique de cet immense succès devenu un classique.

C'était un premier rendez-vous manqué avec le cinéma, il y en aurait d'autres. Il était déjà cinéphile, allait voir autant de films que possible et parfois deux par jour. Devenu célèbre, il supposait que les propositions viendraient naturellement. Il ne se trompait pas. Sur la quantité, en tout cas. Pour ce qui était de la qualité des rôles qu'on lui offrait, il en était autrement.

À partir de 1962, il tourna *Les Parisiennes*, de Michel Boisrond, une guimauve sans intérêt. Comme son scénario l'indique. Sophie (Catherine Deneuve) est une tendre lycéenne qui fait croire à ses copines qu'elle n'est plus vierge et a un amant. Le soir venu, incrédules, celles-ci la suivent discrètement. Sophie se rend en réalité chez sa meilleure amie. Mais, pour retourner chez elle, elle passe par les toits et rentre par hasard chez un jeune guitariste pauvre (Johnny Hallyday) qui lui chante bientôt *Retiens la nuit*, dans un coin de sa cuisine. Et c'est le début de sa première histoire d'amour, « Très fleur bleu 1962 », commente Jean de Baroncelli, dans le journal *Le Monde*.

Le film a eu deux avantages : permettre la rencontre de Johnny avec Catherine Deneuve, et la naissance d'une relation affective très complexe, qui durera plus de cinquante ans, sans que personne ne sache avec certitude de quoi elle était faite[8]. Entendre la chanson, *Retiens la nuit*, était aussi une bonne chose tant la mélodie et les paroles sont douces et belles, loin des morceaux très rock de ces années-là. Même si faire chanter Johnny en plein milieu du film, à la Elvis Presley, casse l'ambiance, et semble déjà le condamner à ne jamais faire une carrière au cinéma.

D'ailleurs, l'année suivante confirme le sentiment de malaise. *D'où viens-tu Johnny ?*, de Noël Howard, dans lequel il interprète un certain Johnny qui ne s'appelle pas Hallyday, et en 1964 *Cherchez l'idole* de Michel Boisrond encore, où il interprète son propre personnage, s'inspirent largement de sa personnalité et de son charisme d'idole des jeunes.

Il y eut aussi *Pour moi la vie va commencer*, tourné avec Sylvie Vartan. Peu importent les scenarii, peu importe si rien ne tient debout, l'idée est avant tout de mettre Johnny en vedette et, à l'occasion, de le faire chanter. Cela ne pouvait pas donner de très bons résultats.

Alors que défilaient les projets les plus catastrophiques ayant pour unique but de le mettre à l'écran, il songeait à son idole, Elvis Presley. Depuis bien longtemps, celui-ci était pressé comme un citron et enchaînait les rôles les plus stupides dans des films indignes dont la seule fin était de le voir apparaître et chanter à l'écran.

8. Voir entrée « Deneuve (Catherine) ».

Refusant de suivre le même chemin, Johnny fit donc un break avec ces *gentils navets remplis d'insignifiance*, et trois ans plus tard, il revenait en vedette du film de John Berry, un très bon réalisateur, *À tout casser*. Une sorte de polar pas très bien construit et sans doute décevant sur bien des aspects, mais qui avait au moins le mérite d'être un vrai film.

Plus tard, *Le Spécialiste* de Sergio Corbucci lui donnait l'occasion de jouer dans un western façon spaghetti, qui là encore n'ajoutait rien à sa gloire mais le démarquait à nouveau des rôles de chanteur à l'écran.

En 1970, *Point de chute*, de Robert Hossein, un film noir, un vrai, lui offrait la possibilité de créer un personnage sombre et solitaire mais le scénario était trop mince, les dialogues trop convenus. Johnny attendait toujours le rôle qui pourrait le mettre en valeur, même si, en faisant le bilan de ces dix années, il considérait que *Point de chute* était le meilleur film dans lequel il avait tourné.

L'Aventure c'est l'aventure de Claude Lelouch fut un succès énorme, qui lui apporta un peu plus de popularité, même s'il n'interprétait jamais que lui-même, kidnappé par une bande de joyeux lurons composée de Lino Ventura, Jacques Brel, Aldo Maccione et Charles Denner. Il montrait en tout cas une certaine aisance, et un don particulier à dire des dialogues lorsqu'ils avaient une certaine qualité. Et on admirait aussi son sens de l'autodérision.

Après cela, on aurait pu croire que Johnny en avait terminé avec le cinéma. De simples apparitions à des participations plus importantes, plus de dix ans allaient s'écouler avant qu'il n'y revienne. Et ce fut un coup de tonnerre. Jean-Luc Godard l'engageait en 1984 pour tourner dans *Détective*[9], et alors, c'est comme si le monde du cinéma s'était

9. Voir entrée « Godard ».

行

mis à tourner autrement. L'année suivante, c'est Costa-Gavras qui le sollicitait pour *Conseil de famille*, puis Pierre-William Glenn lui donnait le rôle principal de *Terminus*.

À partir des années 2000, il tournait l'étrange film de Laetitia Masson, *Love me*, puis, en 2002, *L'Homme du train*, de Patrice Leconte, où il se confrontait à Jean Rochefort. Pour beaucoup, *L'Homme du train* reste le meilleur film jamais tourné par Johnny. Il est vrai qu'il y est remarquable, mais pas plus que dans *Love me*, ou dans *Jean-Philippe*, le film de Laurent Tuel[10]. Il y incarne un Jean-Philippe Smet qui n'est jamais parvenu à devenir Johnny Hallyday, et c'est déjà tout un programme. Le scénario est remarquable et sa confrontation avec Fabrice Luchini allait être un bonheur.

Conçu pour lui, *Vengeance*, de Johnnie To, ressemble trop souvent à une caricature de polar façon Tarantino, mais sans le génie de Tarantino.

En 2014, avec *Salaud, on t'aime* de Claude Lelouch, il retrouvait son ami Eddy Mitchell pour un film prémonitoire, puisqu'il était condamné à mort par la maladie, mais avec hélas un scénario on ne peut plus désordonné, façon puzzle ou façon Lelouch, c'est comme on voudra. Le réalisateur qui ose tout, même le pire, offrait à Mitchell, le copain médecin, et Johnny, l'occasion de pousser la chansonnette en reprenant une chanson du film *Rivière sans retour* tandis que défilaient sous leurs yeux les images de Marilyn Monroe et Robert Mitchum. Il fallait oser.

Johnny était un cinéphile. Un vrai. Le brancher sur le cinéma, c'était l'assurance de le voir sortir de ses longs et fréquents silences. Tout

---

10. Voir entrée « Jean-Philippe ».

le passionnait. Des réalisateurs comme Elia Kazan, l'homme de *L'Arrangement*, ou des *Visiteurs*, dont il pouvait vous parler pendant des heures, citant volontiers *Le Fleuve sauvage* et surtout *La Fièvre dans le sang*. Fellini, dont il admirait *La Dolce Vita*, entre autres, et dont un ami lui avait offert l'affiche revisitée. *Le Mépris* de Godard. Les westerns les plus classiques comme les plus audacieux. Ceux de Phil Karlson, de Budd Boetticher, Joseph M. Newman, Ted Post, Richard Fleischer. Parmi les acteurs, Marlon Brando, James Dean, Montgomery Clift étaient ses favoris. Il pouvait revoir trois fois de suite un film avec Brando ou avec Dean, comme s'il voulait s'imprégner de leur jeu, de leurs tics.

Sa grande frustration, on l'aura compris à la lecture de sa filmographie, c'est de ne pas avoir eu la carrière d'acteur dont il rêvait. Et sans doute pas parce qu'il manquait de talent. Quelques films – rares – en témoignent. Dans son cas, le problème était double. Beaucoup de metteurs en scène, sans doute peu ambitieux, encouragés par des producteurs à courte vue, se contentaient de le mettre en scène dans des films construits autour de lui, pour lui, où l'on pouvait rajouter éventuellement quelques chansons, le tout sans se préoccuper du scénario, des dialogues, de l'histoire. Tout cela ne comptait pas. Il fallait juste avoir Johnny sur l'affiche et on était certain de gagner de l'argent. Le second problème, plus complexe, ne dépendait de personne. Il aurait fallu qu'il fasse oublier qu'il était un chanteur à succès, une idole, une star dont le charisme débordait. Très tôt, il avait été déjà tellement célèbre, on l'avait tellement vu partout, dans des stades, des salles immenses, à la télévision, que le grand public ne pouvait pas faire la différence entre le Johnny chanteur et le Johnny comédien. Quel que soit le film, et même dans *L'Homme du train*, où il est excellent, le public voyait Johnny avant tout.

Était-il impossible de se faire oublier le temps d'un film, pour devenir un autre, des autres ? À notre connaissance, un seul l'a pu : Frank Sinatra. Mais c'était différent sur un point. Lorsque Sinatra, très doué comme acteur, a tenté sa chance au cinéma, et même remporté un Oscar, il était en perte de vitesse comme chanteur. Ses graves problèmes de voix le handicapaient et pendant plusieurs années, on a pu penser qu'il ne rechanterait plus. Lorsqu'il est redevenu lui-même, un chanteur à la voix d'or, sa place au cinéma était déjà acquise. La différence entre Sinatra et Johnny, c'est que Johnny n'a jamais connu de véritable passage à vide dans sa carrière de chanteur, quelques trous d'air insignifiants, tout au plus.

D'autres pourraient servir d'exemple : Montand, Bourvil et Gabin, en France, venaient de la chanson, et même du music-hall, certes ; mais lorsqu'ils ont franchi le pas, ils n'ont plus jamais fait machine arrière. Qui aurait imaginé Johnny tourner le dos définitivement à la chanson et aux concerts. Pas de Parc des Princes, de Stade de France, de Tour Eiffel, de Parc de Sceaux, de tournée des Vieilles Canailles. Inimaginable pour celui qui disait, avec parfois un peu de lassitude, « Mon métier, c'est d'être Johnny Hallyday. » Ce n'est pas ce que l'on attendait de lui au cinéma.

ADELINE

S'il est vrai que les histoires d'amour se terminent mal en général, alors celle-ci est sans doute la plus belle qui ait jamais existé. Elle a fini mal, très mal, et en plusieurs étapes, souvent cruelles. Il a été possible de croire, à un moment, qu'elle n'en finirait d'ailleurs jamais. Et il reste incertain qu'elle aurait trouvé une issue si Johnny n'était pas mort en décembre 2017.

Adeline et Johnny. L'histoire d'un double mariage. Déjà, c'est assez original. On pense à Richard Burton et Liz Taylor, deux fois mariés, deux fois divorcés, à Mélanie Griffith et Don Johnson, deux fois mariés, deux fois divorcés, et plus loin encore, à Marisa Pavan et Jean-Pierre Aumont, qui eux aussi se sont mariés une seconde fois, et n'ont jamais redivorcé. Il y a des perfectionnistes.

L'histoire d'Adeline Blondieau et de Johnny Hallyday commence dans les années 1950 lorsque celui qui s'appelle encore Jean-Philippe Smet devient ami pour la vie avec Christian Blondieau, qui ne s'appelle pas encore Long Chris. C'est une amitié à l'épreuve de tout, rehaussée par leur goût commun pour le rock and roll, et un talent de compositeur chez Christian Blondieau qui ne peut que servir les intérêts de Johnny. Les deux copains ne se contentent pas de jouer ensemble, Long Chris compose quelques grands tubes pour son ami, dans ces années-là[11], et même s'ils s'éloignent parfois au gré des diverses aventures de

11. *Je veux te graver dans ma vie*, *La génération perdue*, *Si j'étais un charpentier*, *Je suis né dans la rue*, *Joue pas du rock'n'roll*, *Gabrielle*, etc.

Johnny, les deux hommes continuent de s'aimer et de ne jamais se perdre de vue.

En 1985, après sa rupture avec Nathalie Baye, Johnny traîne son chagrin proche du désespoir dans des nuits pleines d'alcool et sans espoir de consolation. Il s'enfonce dans une sorte de déprime, boit beaucoup, trop, fuit la nuit comme le jour et ne trouvera finalement de refuge que chez son vieux copain Long Chris. Il était le bienvenu. Christian Blondieau avait eu de son mariage une fille et un fils. Adeline avait alors quatorze ans, elle connaissait Johnny depuis l'enfance. Sorte de tonton gâteau, de meilleur ami de son père. Un personnage familier depuis toujours. Elle le regardait bien sûr avec des yeux émerveillés. C'était Johnny Hallyday, quand même.

Installé dans la maison de ses amis, Johnny n'en finissait pas de se laisser envahir par le chagrin, ronger par les souvenirs. Il ne trouvait le sommeil qu'au petit matin, la plupart du temps, à moitié affalé dans un canapé où il avait passé une partie de la nuit à regarder des films.

Parfois, Adeline, quatorze ans, venait le rejoindre au milieu de la nuit. Elle était préoccupée, et même alertée par cet air de désespoir. Quoi qu'on en dise, les enfants savent regarder autour d'eux. Elle n'osait pourtant pas trop s'approcher de trop près et tenter de lui parler. Encore eut-il fallu trouver les fameux mots qui éclairent et apaisent. On n'a pas appris à jouer les psys à cet âge, donc elle ne s'y essayait pas. Les silences sont plus réparateurs. Mais passer quelques minutes avec lui, avant de retourner se coucher, sans rien dire, faisait du bien à Johnny, elle en était certaine.

Parfois, il sortait de sa torpeur et la regardait, sans doute comme un adulte regarde une petite fille. Il lui parlait aussi comme on parle, non pas à une ado, ou à une pré-ado – c'est comme on voudra – mais à une gamine à laquelle on dit, sans y penser : « Plus tard, tu verras, on va se marier tous les deux. » C'était gentil, affectueux et ça n'allait pas plus loin.

Plus tard n'aurait jamais dû arriver. Pourtant, plus tard est arrivé plus tôt que prévu. Selon Johnny, c'est Adeline qui est venue lui annoncer un jour qu'elle venait d'avoir dix-huit. Il allait pouvoir tenir sa promesse. Johnny se trouvait alors, comme souvent, plutôt brinquebalant dans le cours si tumultueux de sa vie amoureuse. Il y avait eu Gisèle Galante, la journaliste, il y avait Leah, le mannequin. Rien ne semblait définitif. Plus tard, il serait dit qu'Adeline avait agi astucieusement pour évincer Leah, ce que Johnny confirmerait. Nous ne sommes pas certains que le stratagème l'ait traumatisé.

En 1990, Johnny Hallyday et Adeline Blondieau devenaient donc mari et femme. Il avait quarante-sept ans, elle en avait dix-neuf. Les « jeux d'enfants » mènent parfois plus loin qu'on ne croit.

La nouvelle fut un choc pour beaucoup. Et pour commencer parmi les proches – très proches – de l'une et de l'autre. Comme si une barrière avait été franchie. Il n'y avait pas que la différence d'âge, la très ancienne proximité, presque familiale, des nouveaux mariés, était en cause, avant tout. Il semblait déjà que l'amitié idyllique entre Long Chris et Johnny aurait du mal à y résister. Le père outragé avait du mal à comprendre, et l'ami trahi ne se sentait pas le cœur à pardonner. Comme toujours, le temps passerait et effacerait les rancœurs.

Deux ans d'amour, de passion, d'éclats, de disputes de plus en plus fréquentes, de mésententes. Il y avait toujours cette sensation commune que l'amour était là, indéracinable, puissant, mais que trop de choses les séparaient. Et pas seulement leur âge. Épuisés, ils avaient fini par renoncer et trouver une solution pour mettre fin à l'hystérie permanente dans leur couple. Après deux ans de mariage, ils divorçaient.

Deux ans plus tard, en 1994, ils annonçaient leur remariage. Avec le même optimisme, avec un enthousiasme encore plus fort semblait-il. Ils y croyaient dur comme fer et juraient que désormais rien ne les empêcherait d'aller au bout de leurs rêves. Ils avaient rompu une première fois mais avaient eu deux ans pour se rendre compte qu'ils ne pouvaient pas vivre l'un sans l'autre. Il est vrai que, lorsqu'on s'est trompé une première fois, on est censé être aguerri, à défaut d'être guéri.

En vérité, cette deuxième tentative n'allait durer qu'un an et surtout, elle les entraîna jour après jour dans une sorte d'enfer toujours plus dur à supporter. Autour d'eux, on ne savait plus s'ils s'aimaient toujours, en revanche, ce que l'on avait découvert, c'est qu'ils s'étaient peu à peu emplis de haine mutuelle.

Mal dans leur peau. Le constat d'un échec qui brûle le cœur. Parce que tout se détériorait, qu'elle n'en pouvait plus de voir ce qu'était devenue sa vie, Adeline se montrait odieuse, moquant parfois Johnny, lui imposant des moments cruels. Lui se taisait. C'était sa manière de tenir bon. Pas un mot, pas un geste. Un silence de mort, un silence glacé et gêné. Johnny supportait tout jusqu'au moment où il n'a plus pu supporter et a décidé de divorcer. Mort du silence.

L'histoire aurait pu se terminer là, dans le tourment d'un double échec que l'on aurait pu prévoir. Vingt-huit ans d'écart, ce n'est pas un gouffre que l'on peut ignorer lorsqu'on projette de faire une vie en commun. Tout le monde s'était trompé, et comme aimait à le dire Johnny : « Quand on se marie deux fois et qu'on divorce deux fois, on peut considérer qu'on s'est trompé trois fois. » Le calcul n'est pas forcément lumineux mais il donne à réfléchir au-delà des chiffres.

Pour que l'histoire continue, il fallait un piment supplémentaire. Ce fut, quelques années plus tard, *Dans mes yeux*, un livre écrit par Amanda Sthers[12], dont on nous disait qu'il reflétait les pensées les plus intimes de Johnny. D'ailleurs, celui-ci s'exprimait à la première personne, balayant toute sa vie avec harmonie, fluidité et un choix de mots, de formules et de métaphores assez remarquable pour nous faire penser qu'il s'était mué en écrivain de qualité. Sur beaucoup de points, notamment ceux concernant Sylvie Vartan, David Hallyday ou Laura Smet, pour ne citer qu'eux, on était un peu surpris des propos tenus assez désagréables et acrimonieux. Cela ne correspondait pas, ou si peu, à la pensée de Johnny, à sa façon d'exprimer des sentiments. On n'y retrouvait rien de sa gentillesse et de son humanité, comme si quelqu'un avait pensé à sa place et réglé des comptes. Et ce n'était certainement pas Amanda Sthers. Il y en avait aussi pour quelques photographes ou attachées de presse tombés en disgrâce. Ça faisait beaucoup.

Au moment de relater le double épisode Adeline, cela dépassait les bornes. Il était suggéré que, jeune fille, elle lui avait sauté au cou, pour rester pudique, et pendant le deuxième mariage, avait occupé beaucoup de temps à le tromper. L'ex-épouse était donc un tant soit peu traînée dans la boue, ce qui lui donnerait l'occasion de faire un long procès et, après bien des procédures, de gagner la bataille, le tribunal ayant reconnu qu'elle avait été victime de diffamation. La jeune femme avait insisté sur le fait que les propos insultants à son égard

12. Éditions Plon, 2013.

tenus dans le livre, avaient porté préjudice à ses enfants. Mais les juges n'avaient pas particulièrement retenu cet aspect du dossier.

Blessée, frustrée de constater que la justice ne lui avait pas rendu justice, en tout cas pas comme elle l'imaginait, Adeline se lança à son tour dans une campagne assez déroutante pour salir celui qu'elle avait aimé et épousé deux fois. Elle annonçait qu'elle allait déposer plainte contre Johnny Hallyday qui l'aurait violée quand elle avait quatorze et quinze ans. Aucune plainte ne pouvait être envisagée. Trop de temps était passé. Pour ce qui est de la morale, l'attaque était impressionnante et même hallucinante. Non seulement on avait du mal à y croire, mais on se demandait aussi comment Adeline aurait pu y croire elle-même. Elle avait tout de même épousé deux fois l'homme qu'elle accusait de l'avoir violée enfant.

Johnny Hallyday décidait à son tour de porter plainte pour diffamation. La mort finirait par séparer les combattants. Les histoires d'amour finissent mal en général.

ADOPTION

Avant de devenir un père adoptif, plus de cinquante ans après, Johnny avait été lui-même adopté. Pas une adoption classique et formelle, scellée par l'état civil. Son père parti et ne revenant qu'à l'occasion de courts séjours, généralement pour emprunter de l'argent, sa mère défaillante, il fallait bien lui trouver une famille. Il avait donc été confié à Hélène Mar, la sœur de son père. C'était une étrange époque, proche de celle décrite dans les romans de Patrick Modiano où rien n'est certain, et surtout pas les souvenirs avec leur cortège de rumeurs et de fantasmes. L'occupation faisait place à l'épuration et on laissait entendre que si Léon Smet avait disparu, c'est qu'il était recherché pour collaboration. Ce n'était pas le cas mais peu importait.

Hélène avait deux filles, plus âgées que Jean-Philippe, Menen et Desta. Elles étaient déjà de jeunes danseuses classiques. En 1946, alors que Johnny avait trois ans, la petite troupe partit vivre à Londres pendant deux années complètes. Les cousines de Jean-Philippe avaient obtenu un contrat pour danser *Le Lac des cygnes* et *Giselle* à l'International Ballet et leur mère avait trouvé un emploi de costumière.

Loin de ses parents dont il n'avait que peu de nouvelles, pour ainsi dire jamais, trimballé loin de Paris, suivant des cours par correspondance à l'école Hattemer, Jean-Philippe était un enfant quelque peu déstabilisé. On le serait à moins. Ses souvenirs de cette époque étaient flous, seulement marqués par des voix lointaines, des images furtives qui ne disent rien ou à peu près rien de ce qu'il était. Devenu adulte, il avouait avoir oublié quelle sorte d'enfant il avait été. Par-ci par-là, un souvenir, comme celui d'avoir coupé ses boucles blondes avant même d'avoir quatre ans car il ne voulait pas ressembler à une fille, mais c'était un souvenir un peu forcé puisqu'on avait dû le lui raconter.

Était-il heureux ? Il pensait que la brume de tristesse qui l'avait accompagné tout au long de sa vie datait de cette époque. Un fond de grisaille, une sorte de fatigue de la vie qui vous tombe dessus très jeune, qui n'empêche pourtant pas d'avoir peur de la mort.

Il avait une famille, pourtant, sa tante et ses cousines étaient très gentilles avec lui, mais il lui manquait quelque chose, peut-être une sorte de légitimité. Il était le cousin, le neveu, et rien d'autre. Ce sentiment d'illégitimité, il l'a porté, comme la tristesse, tout le reste de sa vie. À quel moment s'est-il trouvé à sa place ? Peut-être au moment où entre dans la vie de la petite troupe, un charmant jeune homme, Lee Ketcham, un jeune Américain blond de vingt-deux ans, qui joue depuis mille cinq cents soirs *Oklahoma !*, une comédie musicale triomphale, dont il n'est qu'un danseur parmi d'autres. Inconnu par ailleurs en tant que danseur soliste, Lee va voir basculer son destin lorsqu'il tombe amoureux de Desta et, avant de l'épouser, lui propose de monter un numéro avec sa sœur. Ils s'appelleront *Les Halliday's*, dans un premier temps avec un « i » à la place du premier « y », et commencent une nouvelle vie qui les amène de Paris à Anvers, Gand, Bruxelles, Düsseldorf, Hanovre, Copenhague.

Jean-Philippe suit, pas toujours dans la joie. Il a six ans, puis sept, puis huit, et cette vie de patachon, chaque jour effaçant celui de la veille, ne peut pas ravir un enfant. En revanche, son lien avec Lee se renforce avec le temps. Le gamin adore le mari de sa cousine, suffisamment jeune pour savoir lui parler. Affectueusement, Lee a pris l'habitude d'appeler l'enfant « Johnny », qui correspond au diminutif français de « Jean », « Jeannot ».

Comme Hélène a décidé que son neveu serait lui aussi artiste, et au milieu de tous ces artistes, ce serait une incongruité de faire autrement, Johnny se mêle maintenant à la troupe. Après avoir tâté du violon, avec beaucoup de difficultés, il choisit de se mettre à la guitare, celle que lui a offerte Lee. Tel un tonton gâteau (même s'il est surtout le mari de sa cousine), celui-ci emmène Johnny à moto, lui apprend certains trucs qui permettent d'être plus à l'aise quand on se retrouve sur une scène, surtout il le remplit de bonheur dès qu'il ouvre la bouche, avec son accent américain qui évoque pour Johnny tout ce qu'il a envie de découvrir un jour. L'Amérique des grands espaces, des westerns, des grandes villes, des chevauchées sauvages à cheval ou à moto, la vie telle qu'il la rêve. C'est tout cela que lui apporte Lee en plus de son nom. Il s'appellera Johnny Hallyday. Fidèle à sa famille d'adoption, à Lee, mais avec un « Y » de plus pour la touche personnelle.

À dix ans, il fait ses premiers pas seul en scène en chantant *La Ballade de Davy Crockett*. C'est à Copenhague. Un point de départ.

Malgré leur courte différence d'âge, Lee Halliday aura été le premier père adoptif rêvé par Johnny. Il y en aura d'autres. Déjà, Charles Aznavour, chez lequel il a vécu pendant deux ans à partir de l'âge de seize ans, et qui lui écrira plus tard *Retiens la nuit*, une chanson qui raconte encore un moment de la vie de Johnny.

La plupart de ces relations étaient fantasmées, souvent à la frontière de l'amitié admirative et de la recherche de paternité. En tout cas, il avait un besoin réel de croire en quelqu'un qui soit une autorité naturelle. Un père, et c'est sans doute ce que pouvait représenter par moments Gill Paquet[13]. C'était une histoire qui se reproduisait assez souvent. Plus il prenait de l'âge et de la gloire, plus l'absence de son père fantôme se faisait sentir.

Il reste que Charles Aznavour aura été pour lui le véritable père rêvé. Deux ans à lui offrir un toit et un amour désintéressé, ça n'est pas rien. La différence entre Aznavour et les autres, c'est qu'Aznavour, Johnny le sentait bien, aurait adoré avoir un fils comme lui.

Quels que soient les moments, et malgré les années qui passaient, Johnny avait sa place à table à côté de Charles Aznavour, et même au plus fort de sa gloire il avait besoin plus que tout du regard de Charles, qui le portait toujours.

13. Son attaché de presse et beaucoup plus que cela. Voir entrée « Paquet (Gill) ».

ALCOOL(S)

Toute cette colère en lui, accumulée depuis la plus petite enfance, il fallait bien qu'elle s'exprime. Quand il était plus jeune, pas encore célèbre, il était plus difficile de se trouver des mobiles. Il fallait assouvir la rage qui montait en lui, dans la rue, dans les bars, et pouvait s'épanouir après deux ou trois verres. Le prétexte le plus minime pouvait suffire. Ainsi, son amitié avec Eddy Mitchell avait commencé par une furieuse bagarre.

Il était plus facile de se battre quand on n'était personne et que les adversaires d'un moment n'avaient pas de visage. Tous ses copains, il en avait toujours eu beaucoup, se demandaient comment ce gentil garçon presque doux, timide en tout cas, pouvait se muer en bagarreur de rue. Les coups, c'est à croire qu'il aimait en donner et en recevoir.

Devenu célèbre, la rage était toujours là mais les conditions avaient changé, tout le monde le connaissait, il y avait ceux qui le provoquaient parce qu'ils avaient envie de se mesurer à Johnny Hallyday, connaissant sa réputation. Il y avait ceux qui le regardaient de travers, ou en tout cas c'est ce qu'il pensait, mais ce n'était pas si facile de se battre désormais. Heureusement, si on peut dire, l'alcool venait à sa rescousse. L'alcool, cet ami qui vous veut du mal, à moins que ce ne soit le contraire.

La rage était toujours présente dans ces moments où « noir c'est noir, il n'y a plus d'espoir ». Il fallait alors se mettre dans un certain état d'alcoolémie pour se donner le courage d'aller chercher la bagarre. Il en a eu des dizaines et des dizaines, parfois sauvages. Il a reçu beaucoup de coups, en a donné plus encore. C'était parfaitement agencé. Un deal entre lui et lui. Dans le genre, cela aurait pu faire penser à ces blocs de supporters d'équipe de football qui se donnent rendez-vous la veille d'un match ou deux heures avant, sur des aires d'autoroute, pour se taper dessus. Sans raison. Juste pour le plaisir. Ou peut-être pour étouffer une colère.

Johnny était organisé lui aussi et Alan, son garde du corps, était toujours là pour monter au combat avec lui. Un soir où les choses avaient fini par tourner plus mal que d'habitude, Alan avait reçu un coup de couteau à sa place.

Bien sûr, il y a les moments où ce sont les autres qui attaquaient, il ne faisait que se défendre. Comme c'était arrivé au début des années 60, lorsque trois parachutistes l'avaient provoqué dans un restaurant à Pau. Mais ça n'arrivait pas souvent.

Ses copains d'adolescence n'avaient pas tort, Johnny était d'une gentillesse extrême, et dans un état normal, jamais il n'aurait envisagé d'attaquer quelqu'un qui ne lui avait rien fait. Mais il supportait assez mal l'alcool qui lui montait vite à la tête, donc son agressivité, à partir de deux ou trois verres, pouvait très vite augmenter.

On n'a jamais su exactement ce qu'il aimait dans l'alcool en dehors de ce côté va-t-en-guerre. Lui-même n'était pas certain d'aimer ça. Certaines boissons qu'il absorbait n'avaient pas forcément bon goût, on avait surtout l'impression qu'il cherchait encore une fois à s'évader de lui-même. À s'oublier et rayer ses angoisses. Mais il ne cherchait jamais à fuir ses mélancolies, sachant que le plus triste, c'est d'oublier d'être triste. Parfois, tout se mélangeait, surtout quand il se retrouvait seul face à lui-même.

Car il y avait aussi les moments de solitude, même s'ils étaient rares. Ça n'arrivait pas souvent mais ça arrivait. Seul chez lui, entre deux aventures, deux liaisons. Une situation qu'il ne supportait pas. Il lui arrivait alors de boire jusqu'à en être malade, et en tout cas jusqu'à perdre conscience, dans un sommeil qui n'avait alors rien de réparateur. L'alcool était encore dans ces moments un ami dangereux, mais incontournable. Ces périodes étaient assez courtes, parfois elles traînaient en longueur comme ce fut le cas après la rupture avec Nathalie Baye.

En revanche, lorsqu'il allait bien, lorsque la vie proposait une multitude de projets, et surtout un grand objectif, que ce soit une tournée, ou un « Stade de France » ou une « tour Eiffel », il se transformait de lui-même, pas besoin de lui donner des conseils ou de le priver de quoi que ce soit. Il devenait son propre surveillant. Plus une goutte d'alcool pendant des semaines entières, il avançait à l'eau minérale, avalant steaks et salade à l'heure du déjeuner, et passant beaucoup de temps en salle pour se remuscler, faire disparaître la graisse accumulée et redevenir en quelque temps un chanteur fringant, prêt à affronter une épreuve de fond. C'était comme cela que Johnny se considérait, dans ses moments de grand défi : comme un sportif de haut niveau. Et ça durait jusqu'à ce que l'objectif soit atteint. Jamais personne ne l'a vu déroger à la règle qu'il s'infligeait.

Hélas, les défis finissent par s'épuiser eux aussi. Quand il n'y avait plus rien en vue, restaient la langueur des jours, la vanité des heures qui tournaient un peu plus lentement, il tombait rapidement dans une forme d'ennui qu'il ne supportait pas. On ne peut pas parler de Johnny et l'alcool, sans parler de Johnny et l'ennui. Il a toujours eu cette peur absolue du vide que représente l'ennui. Et comme il n'avait jamais été équipé dans son passé pour trouver les recettes pour tuer l'ennui, il se retrouvait totalement démuni, suffisamment affaibli pour plonger à nouveau.

Jean-Jacques Goldman, qui l'avait si bien décrypté, lui avait écrit cette chanson, *L'Envie*, qui répond si parfaitement à sa peur de l'ennui. Toute sa vie, il aurait pu hurler : « Qu'on me donne l'envie, l'envie d'avoir envie. »

Nous ne sommes pas certain qu'avec d'autres mots, il n'ait pas chuchoté au fond de lui, et tout au long de sa vie, la même prière. Mais c'était un autre de ses paradoxes, s'il était capable de chanter haut et fort, il ne pouvait parler que tout bas.

AMÉRIQUE

C'est un coup de foudre venu de l'enfance. Longtemps, Jean-Philippe Smet, à travers les disques, les films, les livres, avait rêvé de l'Amérique. Il l'avait toujours imaginée en noir et blanc, même quand il fantasmait sur les prairies perdues, les chevaux sauvages, les chercheurs d'or, les Peaux-Rouges et les cavaliers bleu marine de l'US Army. Toutes ces heures à écouter dans sa chambre Elvis Presley, Jerry Lee Lewis, Chuck Berry, à rêver sous les posters de Marilyn Monroe, James Dean ou Marlon Brando. Son Amérique était partout, bien plus vaste que sa propre vie qu'il trouvait étriquée, sans lendemain.

Devenu célèbre, il avait pu rencontrer quelques musiciens désenchantés, la plupart du temps détruits par l'alcool et la drogue, mais pas assez pour ne pas lui décrire cette Amérique qui habitait ses rêveries. C'était parfois cru mais il n'écoutait que ce qu'il avait envie d'entendre. Jusqu'au jour où il pourrait aller se rendre compte par lui-même. À dix-huit ans.

En février 1962, il s'envolait pour la première fois vers les États-Unis, avec déjà le bonheur insoutenable de savoir qu'il allait atterrir à Nashville, capitale du Tennessee, là où l'on entretenait les légendes nostalgiques du Sud, la ville reflet d'une certaine Amérique, pas encore sortie du mythe développé au cinéma par le western. La ville qu'il lui fallait. Nashville, c'était alors une cité de six cent mille habitants qui avait prospéré avec comme seule industrie la fabrication de la country music, la musique des Blancs du Sud, la musique d'une région restée attachée aux valeurs et aux coutumes traditionnelles, et qui continuait de les célébrer constamment à travers les chansons.

Grâce à Elvis Presley, Jerry Lee Lewis, et bien sûr son cousin Lee Halliday, lequel faisait, avec Johnny Stark, partie du voyage, Johnny avait été longtemps bercé par cette musique. Désormais, il se retrouvait au cœur de sa chimère. Cinquante-sept studios d'enregistrement, des musiciens d'expérience, travaillant à plein temps, et profitant de quelques pauses, entre deux séances d'enregistrement, pour jouer et chanter de vieilles chansons de tradition orale évoquant l'époque des pionniers, Nashville ne ressemblait à aucune autre cité. C'était à la fois un endroit de légende, déjà, inscrit dans le marbre du temps, et aussi une fourmilière où s'activaient les plus grands musiciens de l'époque, dont sortaient en cascade les tubes à venir. Comme un enfant qui n'en croit pas ses yeux, Johnny regardait partout, ébahi, prenant à peine le temps de se demander si à un moment, il devrait sortir du rêve.

La petite troupe française n'était pas venue là juste pour observer, il fallait en profiter pour travailler. Au studio Bradley, Mercury, la filiale américaine de Philips, rassemblait de bons musiciens comme Charlie McCoy, Roy Stevens, Jerry Kennedy et aussi les célèbres Jordanaires, les choristes d'Elvis Presley. En trois jours, Johnny enregistrait une vingtaine de titres, dont *Be bop a Lula*, de Gene Vincent, *I got a Woman*, de Ray Charles, *Maybellene*, de Chuck Berry, et *Bluberry Hill* de Fast Domino.

À son retour à Paris, Johnny rapportait des millions de souvenirs, une expérience nouvelle, et une découverte qui prendrait des airs de révolution en France. Il avait fait la connaissance à Nashville d'une nouvelle danse, au rythme moins violent que le rock, finalement assez proche de la traditionnelle variété, inventée par le chanteur noir américain Chubby Checker. Le twist est une danse presque mécanique qui obéit à quelques règles simples. On peut l'apprendre en quelques minutes, c'est à la portée de tout le monde et cela serait l'une des raisons de son succès universel. Johnny chante la version française de *Let's Twist Again*, et vend un million d'exemplaires du disque. D'autres chanteurs vont l'imiter, des Chaussettes noires à Maurice Chevalier, de Line Renaud à Richard Antony, mais dans ce registre-là, comme dans d'autres, personne ne peut égaler Johnny.

L'Amérique, dès leur première rencontre, a été un porte-bonheur.

Tout au long de sa vie, il rêvera d'y retourner régulièrement, jusqu'à s'installer à Los Angeles, dans les dernières années. Il aime y être incognito, libre d'aller là où il veut, un luxe qui lui est interdit en France.

L'Amérique, c'est sa prairie perdue. Heureux ou malheureux, il lui faut y retourner régulièrement, comme pour reprendre son souffle. À moto ou en voiture, il rêve toujours cinquante ans après de s'enfoncer dans cette immensité qu'il aime follement, à travers ses montagnes, ses espaces infinis, ses villes palpitantes, ses richesses et ses misères. Il a découvert l'Amérique, en 1962, à dix-neuf ans, et il ne s'en est jamais remis.

CONSISTENTLY SUPERIOR
ICE CREAM
SINCE 1866

AMITIÉ

Il ne lui a pas fallu toute une vie pour faire la différence entre les amis et les copains. La frontière est mince, la confusion peut être dangereuse. Johnny y est parvenu très vite, aidé par l'instinct, son atout suprême dans l'exercice de son métier et aussi dans ses relations humaines. Dans un studio d'enregistrement ou sur une scène, il sentait vite et juste, c'était pareil avec les amis et les copains.

Des copains, il en avait des tonnes. Plutôt fiables, plus ou moins fidèles, auxquels l'unissait une passion commune. Ça pouvait être la moto, les soirées arrosées, le résultat de moments partagés sur un bateau ou dans des escapades américaines, des éclats de rire.

Certains photographes étaient ses copains jusqu'au moment où il décidait de passer à autre chose. Quelques copains étaient encore là au bout de sa vie, mais ils n'étaient pas si nombreux. Un ami, c'était autre chose. Finalement il n'y en avait pas tant que ça.

Un jour, il avait donné sa définition de l'amitié : « Un ami, c'est quelqu'un qui me donne raison, même quand j'ai tort. » Comme souvent, on ne savait pas trop s'il était à moitié sérieux ou entièrement dans la mauvaise foi malicieuse.

Plus sérieusement, il disait qu'on découvre l'amitié à travers les épreuves. Il pensait à ces moments de drame ou de désespoir, quand on se trouve seul et assez vite abandonné. Il avait vécu des moments comme ceux-là, et il en était ressorti plus convaincu que jamais que les amis sont ceux qui vous accompagnent jusqu'au bout, quoi qu'il arrive. Les autres, ce sont des copains ou des potes, comme il disait souvent. Un ami, c'est quelqu'un qui compte plus que ce que l'on imagine.

D'ailleurs, il a toujours eu du mal à se confier sur ses amis, les vrais. Comme s'il s'agissait d'un jardin secret. Tant bien que mal, il évoquait Eddy Mitchell[14], bien sûr, l'ami de toujours, Gill Paquet[15], celui qui veillerait sur lui jusque dans la mort. Il était son ami et son maître, comme dans la jolie chanson de Serge Lama. Jean Réno, avec lequel il avait beaucoup partagé alors que celui-ci était en pleine séparation avec sa femme. Johnny avait montré alors ce que signifiait vraiment l'amitié à ses yeux : partager le chagrin de l'autre, l'aider, le soutenir, ne pas compter les heures de conversations souvent noires, ne jamais faiblir pour pouvoir peu à peu lui redonner de la force. Belmondo aussi était un ami. Il était le sourire, et même le rire qui manquait parfois dans la vie de Johnny. Et Ticky Holgado, Philippe Labro[16], Daniel Rondeau, grand romancier et auteur d'un merveilleux portrait de lui.

Il y avait aussi cette histoire d'amitié avec un vrai personnage tropézien, Jo de Salernes. Un ancien restaurateur de Saint-Tropez qui avait connu Johnny très jeune, et avait une particularité, ne jamais faire payer les gens qu'il aimait bien. À force, il avait fini par faire faillite, comme il se doit, et depuis il restait dans le paysage, rendant des petits services à droite, à gauche. Johnny était devenu une immense star et jamais il n'oubliait ce qu'il devait comme bons moments à Jo de Salernes. Alors, quand il a acheté sa maison à Saint-Tropez, La Lorada, sans contrat ni engagement, il a fait de Jo son homme de confiance

14. Voir entrée « Mitchell (Eddy) ».

15. Voir entrée « Paquet (Gill) ».

16. Voir entrée « Labro (Philippe) ».

sur place. Il surveillait la maison en l'absence de Johnny, organisait ses arrivées, s'occupait des repas quand il y avait beaucoup d'invités. C'était une amitié qui se passait de mots et qui se disait avec de grands éclats de rire.

Un jour, Jo de Salernes est mort, emporté par un cancer foudroyant. À l'époque, Johnny tournait *L'Homme du train*, de Patrice Leconte, avec Jean Rochefort. Anéanti, il a quitté le tournage pour aller enterrer son ami. La vie a continué mais le vide laissé par Jo est resté.

Il y a aussi des amitiés qui vous foudroient. Il connaissait Georges Brassens pour l'avoir croisé plusieurs fois, l'admirait, et avait senti que dans le regard du chanteur brillait une sorte de tendresse envers lui. Mais c'était dans les années 1960, quand le rock était en train de prendre le pouvoir et les yéyés avec lui. On ne pouvait pas s'attendre à une trop grande sympathie de la part des « vieilles vedettes ». Mais un jour qu'il chantait à Sète, le fief de Brassens, il avait trouvé à son arrivée une lettre manuscrite de celui-ci : « Mon cher Johnny, la vie n'est pas toujours facile. La gloire vous tombe dessus comme une douche froide, mais c'est bien le lot du succès. Je t'embrasse très fort, ton ami Georges[17]. »

Il n'en avait jamais beaucoup parlé, mais au tout début des années 1960, une amitié était née, incompréhensible pour beaucoup mais bien réelle et qui liait en fait des personnes qui normalement n'auraient rien eu à se dire. Le 20 septembre 1960, Johnny chantait en première partie du spectacle de Raymond Devos à l'Alhambra. Il devait en principe interpréter trois chansons. Dès le premier soir, la salle de l'Alhambra était coupée en deux. À l'orchestre, le public bon chic

17. Lettre citée dans *Johnny Hallyday, autobiographie - Destroy*, livre de Gilles Lhote, Michel Lafon, 2018.

bon genre de Devos, cet humoriste de génie, au balcon, les moins de vingt ans, avides de rock and roll et qui n'en avaient que pour ce chanteur de leur âge. Ça hurle, ça trépigne, ça tape dans ses mains, ça fait vibrer le plancher. Le succès était tellement au rendez-vous que ce soir-là Johnny chante en rappel deux chansons supplémentaires. Affolé, le directeur de l'Alhambra, qui craint qu'on ne lui casse les fauteuils, supplie d'abord Johnny de ne plus chanter que deux chansons puis menace très vite de l'évincer du programme. Raymond Devos intervient alors : « Pas question de supprimer son tour de chant. Les incidents, je m'en fous. Il restera à l'affiche jusqu'à la dernière représentation, sinon je m'en vais avec lui. »

Une amitié née en quelques secondes, de quelques mots. Devos et Johnny se connaissaient à peine, se croisaient depuis quelques jours et rien d'autre. Mais Johnny expliquait qu'à partir de ce moment, il avait inscrit Raymond Devos dans son cœur. « Cet homme aurait pu tout me demander, je l'aurais fait. »

Un ami, c'est aussi Charles Aznavour qui l'avait protégé pendant les premières années, faisant installer chaque jour un couvert à sa table, près de lui pour Johnny. C'est Jean-Pierre Pierre-Bloch, fils de l'ancien député socialiste. Johnny avait été reçu dans cette famille assez bourgeoise comme un fils, et il n'a jamais voulu l'oublier. Il a même vécu six mois chez les Pierre-Bloch, et a pris plaisir à s'y intégrer. Jean-Pierre, le fils, est devenu son secrétaire et son administrateur, plus tard Claude, un autre fils, sera l'attaché de presse de Johnny. Il possédait ce sens de la fidélité qui survit à tout. Et ce n'était pas un devoir pour lui mais un bonheur. Parce qu'il avait été privé de l'essentiel dans son enfance, il voulait créer sa propre famille à travers ses amis.

Tous ces amis qui étaient disparus, parfois jeunes, et avec lesquels il continuait de vivre malgré tout. Leur point commun, c'est qu'il les admirait en plus de les aimer. Ça n'aurait pas été possible autrement.

Et les femmes ? « Je ne suis pas très doué pour créer des amitiés avec des femmes, disait-il, mais il y en a au moins une, c'est Line Renaud. Elle sera mon amie jusqu'à la dernière seconde de ma vie. »

Il était également rare qu'il éprouve des inimitiés. La plupart du temps, il préférait se taire, et passer à autre chose. Mais deux chanteurs l'agaçaient au point de ne pas pouvoir le cacher : Claude François et Dick Rivers. Pas parce qu'ils étaient des rivaux, surtout pas, mais parce qu'il avait remarqué à quel point ils se comportaient durement, parfois injustement, et très souvent mal avec leur entourage professionnel. Et ça, c'était largement au-dessus de ce que Johnny pouvait supporter.

BIDES

1976. Une année de réussite totale, ponctuée de trois tubes qui vont écraser la concurrence pendant des mois et devenir culte. *Gabrielle*, *Derrière l'amour* et *Requiem pour un fou*, rien que ça, électrisent les foules plus encore que d'habitude. Plus que d'autres, ces chansons font participer le public, avec ses émotions, sa sensibilité, des larmes qui coulent sur les visages pendant que Johnny chante. Très vite, les fans connaissent les paroles et deviennent les choristes de leur idole. Ce sont à chaque fois des moments d'exception et Johnny en a profité pour proposer à son équipe de créer une « Hallyday Story », histoire de revenir en chansons sur tout son parcours. Il n'a que trente-trois ans, mais déjà une si longue histoire derrière lui.

1976, c'est aussi l'histoire d'un bide. Un échec cuisant qui va le chagriner pendant des mois. Il avait mis tant de lui dans cette adaptation de la comédie musicale, *Hamlet*, adaptée de la pièce de William Shakespeare. Johnny et Shakespeare, Johnny et Hamlet, c'était un rêve. C'était une manière pour lui de montrer aussi que sa culture ne s'arrêtait pas aux Beach Boys et à Elvis Presley. Mais ce n'était pas le plus important. Il avait lu Shakespeare, en commençant par *Roméo et Juliette* et en continuant par *Hamlet*. C'était nouveau pour lui mais il en avait retenu l'essentiel : une tragédie vieille comme le monde, terrible et troublante à la fois. Plutôt que d'afficher sa culture, il avait surtout eu envie de créer une grande comédie musicale à l'américaine qui lui permettrait de réunir deux passions : celle de chanteur, dont personne ne doutait, et celle d'acteur, qui était encore à démontrer. Il s'était beaucoup investi, avait beaucoup travaillé, avait pensé s'entourer des meilleures personnes, mais à l'arrivée rien n'a fonctionné. Il était sans doute trop tôt pour installer l'idole des jeunes dans un destin shakespearien.

Vingt ans plus tard, en 1996, alors que Gill Paquet, l'ami intime et le master en organisation, vient de mourir, Johnny mène un projet que Paquet aurait sans doute tué dans l'œuf s'il n'avait pas été malade depuis plusieurs mois. Il voulait chanter à Las Vegas depuis si longtemps. Pour lui, c'était un rêve intime, chanter dans la ville d'Elvis Presley, permettre à une immense partie de ses fans de venir l'applaudir dans le Nevada, et faire un triomphe hors de France. Les avions avaient été affrétés pour les fans, des milliers de voyageurs, l'ambiance était très bonne à bord de chaque avion. Les gens étaient heureux d'être là, de voler vers ce rêve. La plupart d'entre eux avaient sacrifié des années d'économies pour accompagner Johnny et assister à son triomphe.

Quand Jean-Claude Camus, son producteur, est venu lui annoncer que des milliers de billets et de dossiers avaient été mélangés, et que les choses n'allaient pas se passer si simplement pour les fans, Johnny avait reçu un premier coup. La pression montait, avec l'angoisse que tout s'effondre. Dans les heures qui suivaient, et ce n'était pas le fruit du hasard, il tombait malade, avec énormément de fièvre. Une angine blanche, diagnostiquaient les médecins appelés en urgence. Ils ne pouvaient rien offrir que des piqûres dans la gorge pour l'aider à tenir debout. Déjà le rêve avait pris un coup de froid.

La malheureuse affaire de billets mélangés avait finalement pu être réglée sans trop de contrariétés. Les fans, dans l'ignorance de ce qui se passait en coulisse, avaient finalement débarqué à Las Vegas remplis de bonheur, émerveillés, dans l'attente du Grand Soir. Certains d'entre eux en avaient profité pour aller se marier, et promettaient que lorsque dans quelque temps ils auraient un enfant, forcément un garçon, ils l'appelleraient Johnny. De ce côté, c'était parfait.

La bonne humeur n'était pourtant pas partagée par tout le monde. Au fur et à mesure que les heures passaient, Johnny prenait conscience de la distorsion entre son rêve intime et les objectifs colossaux envisagés par sa maison de disques. Il y avait une diffusion sur TF1 en direct, ce qui ressemblait plus à une opération de promo pour sa maison de disques, qu'à une mise en valeur de son spectacle pour lequel des moyens modiques avaient été mis en place. Pas d'effets spéciaux, pas de bonne lumière, un show qui était présenté comme pur et rock and roll et qui était quand même d'une pauvreté extrême, et la plupart des chansons, inédites, extraites de son nouvel album, c'est-à-dire des chansons que le public ne connaissait pas encore, ou en tout cas pas bien. Et puis Johnny, fatigué, épuisé, la voix en lambeaux, l'ombre de lui-même, si loin du conquérant qui, habituellement, régnait sur la scène, sans partage. Le bide était assuré.

Pour rester fidèle à l'idée de son rêve intime et comme pour se faire pardonner auprès de Laeticia qu'il allait épouser quelques jours plus tard, il enchaînait pour finir avec *Que je t'aime*. La voix était toujours aussi désolée mais les accents déchirants.

Deux ans plus tôt, à La Cigale, il était venu se mettre en péril dans une série de concerts cinq soirs de suite, loin de ses apparitions habituelles, loin de ce qu'étaient ses concerts, à mille lieues du personnage qu'il jouait presque chaque soir depuis trente ans sur toutes les scènes de France ou d'Europe. Il était habillé d'une redingote et d'un gilet de cuir noir, se tenait, presque immobile, collé contre son micro, et renouait avec un âge d'or du rock que tout le monde semblait avoir oublié jusque-là. Il chantait en anglais, dans cette salle de La Cigale qui ne ressemblait pas à ses décors habituels, mais le succès était là. Les premiers effets de surprise passés, les fans étaient subjugués par cette autre image de lui-même, de sa musique, et de leur univers, qu'offrait Johnny.

Ce ne sont certes pas ces cinq concerts de La Cigale qui constituaient un quelconque bide. Avant cela, pendant plusieurs semaines, il avait effectué une tournée dans les mêmes conditions qu'à La Cigale, tenant à ne chanter que dans des clubs, et toujours en très petit comité. C'était surprenant, parfois même déroutant. À Bruxelles, Amsterdam ou Lyon, la soirée s'était bien passée. À Hambourg, en revanche, ce fut la catastrophe. L'organisateur allemand n'avait pas cru bon d'annoncer le show. Peut-être estimait-il que Johnny Hallyday voyageait systématiquement avec son propre public. Donc pas d'annonce, pas d'affiches, pas de presse, pas d'interviews. Le résultat était là : à l'heure où devait commencer le show, seules quelques dizaines de personnes étaient là, toutes françaises, toutes des fans de Johnny qui étaient venues le voir depuis la France. Chanter dans un club, c'est bien sûr s'attendre à faire moins d'entrées payantes que dans une grande salle de concert, mais de là à se retrouver aussi esseulé, il y avait de quoi être déconcerté. Vêtu de sa redingote noire, professionnel jusqu'au bout, Johnny entrait sur scène, prêt à donner ce concert en toute intimité.

« D'habitude, il y a plus de monde quand je répète, mais… Bon… Nous allons chanter… »

C'était tout ce qu'il pouvait dire à son public, avant de se lancer dans deux heures de concert absolument formidable, foudroyant la salle, et faisant oublier par moments que l'on se serait cru à une soirée privée pour fêter un anniversaire.

Le plus traumatisant de ses échecs, le plus glorieux au royaume des bides, qui l'a laissé à terre, exsangue sur le plan financier, au point de ne plus pouvoir, pendant des années, financer un seul spectacle parisien, c'est le tristement célèbre Johnny Circus, lancé en 1972 à l'orée de sa tournée d'été.

Le concept, totalement inédit en France, alliait numéros de cirque et tour de chant. Précédemment, en 1968 en Angleterre, une émission de télévision nommée « Rock and roll Circus » (diffusée le 11 décembre) et animée par les Rolling Stones, fusionnait déjà numéros de cirque et musique rock. À cette différence près que le cirque à la mode Stones n'était qu'un décor en studio, quand celui d'Hallyday s'animait en un convoi de soixante-dix véhicules qui sillonnait la France en quatre-vingt-cinq étapes, jusqu'au 5 septembre.

Chaque soir, le chanteur se produisait sous un chapiteau emprunté au cirque Bouglione, pouvant recevoir 4 000 personnes. Sponsorisée par RTL et Canada Dry, la tournée débutait à Chantilly le 16 juin. Nanette Workman, avec laquelle il entamera une liaison fatale qui le mènera à sa perte, Tommy Brown, le groupe Ange assuraient la première partie.

Le tour de chant se déroulait sous d'énormes éclats de lumière, avec une sono poussée à fond. Johnny proposait plusieurs titres de son nouvel album *Country, Folk, Rock* (*Comme si je devais mourir demain*, *Rien n'vaut cette fille-là*, *Tomber c'est facile*, *Toi, tu voles l'amour*), pour un récital qui comptait une quinzaine de titres au total : *Je suis né dans la rue, Fils de personne, Fille de la nuit, Que je t'aime, Oh ! Ma jolie Sarah...*

Malgré l'originalité et l'ambition du projet, le Johnny Circus s'avéra très vite un échec et un gouffre financier pour Hallyday. Lucide, il reconnaissait : « Soixante camions sur les routes, cent-quatorze personnes à payer chaque soir, trop de frais, trop de personnel, pour toutes ces raisons l'affaire n'a laissé aucun bénéfice. Mais je ne regrette rien pour autant... »

Aucun bénéfice ? Ça n'aurait pas été si mal. Les pertes avaient en fait englouti tant d'argent que les dettes de Johnny furent abyssales. Il mettra des années à les honorer.

CUISINE

Il n'avait pas la réputation d'être un gourmet. Ses préférences, pensait-on, allaient aux hamburgers chargés de mayonnaise, de ketchup, de moutarde et de quelques autres sauces dont il faisait la collection. Ou encore aux hot-dogs, aux sandwichs américains, au guacamole épicé, avec une petite faiblesse pour les cornichons au vinaigre à l'aigre doux. Cela ne constitue pas une panoplie gastronomique, il faut le reconnaître.

Il faudra qu'une cuisinière exceptionnelle entre dans sa vie pour découvrir que ses goûts culinaires étaient plus élaborés. Jacqueline Benoît, fleuriste à l'origine, mais qui cuisinait merveilleusement, reçoit un jour un appel de sa cousine à propos d'un couple d'amis, gardiens dans la maison de Johnny Hallyday à Ramatuelle. Nous sommes en 1990, Johnny est marié à Adeline et il possède cette magnifique maison, La Lorada. Il cherche une cuisinière pour la saison d'été, et la cousine de Jacqueline a pensé qu'elle pourrait faire l'affaire.

« J'étais un peu effrayée à l'idée de ce changement de vie radical et de ce qui constituait tout de même un certain défi. Après, j'étais une bonne cuisinière dans le quotidien, aux yeux de mes amis et de ma famille. De là à satisfaire Johnny Hallyday, avec les tonnes d'invités qu'il devait recevoir régulièrement, avec les exigences auxquelles je ne pourrais peut-être pas répondre, c'était une autre affaire. Mais après tout, c'était une expérience qui commençait le 6 juillet 1990 et s'arrêterait fin août. »

Les deux mois d'été passent, Jacqueline est ravie, Johnny aussi. Tout est tellement merveilleux qu'il est difficile de se quitter. Johnny retourne à Paris et Jacqueline décide de prendre quelques jours de vacances avant de rentrer dans le Cantal. Elle n'est pas aussitôt arrivée que Johnny l'appelle avec, comme toujours, dans la voix, une notion d'urgence. La cuisine de Jacqueline lui manque et, cette fois, il ne la sollicite pas pour un dépannage de quelques semaines, il veut qu'elle vienne s'installer chez lui, à Paris, et qu'elle devienne sa cuisinière personnelle. Pour un changement de vie, c'est énorme. Aller s'installer à Paris, loin de ses filles, exercer un nouveau métier et peut-être échouer, c'est un risque.

Après quelques heures de réflexion, elle décide de tenter sa chance, et la sympathie qu'elle avait éprouvée pour Johnny dès les premiers jours n'y est pas pour rien. Ce qui s'est passé pendant les six ans à venir, il faudrait tout un livre pour le raconter et justement, Jacqueline Benoît en a écrit un[18].

Ce qui ressort de cet ensemble de souvenirs, c'est l'immense complicité qui a lié pendant six ans la star à sa cuisinière. Et, comme souvent avec Johnny, c'est sa grande humanité, son immense générosité et son extrême simplicité qui ont produit ce miracle : la naissance d'une amitié improbable, mais bien réelle et très solide[19]. Quand on interroge Jacqueline, elle commence toujours par dire qu'elle pourrait parler de Johnny, de ses goûts, pendant des heures. En l'écoutant, on a toujours l'impression qu'elle a connu la star mieux que quiconque. Sans doute parce que c'était dans le cadre d'une intimité parfaite. Elle a vécu à ses côtés, choisi avec lui les plats qu'il souhaitait voir au menu, apprécié ses petites manies : « Ce n'était pas un gros mangeur, pas un

---

18. *Les Recettes préférées de Johnny*, Hachette Pratique, 2019.

19. Voir entrée « Humanité ».

gros gourmand. En fait Johnny adorait les petits en-cas. Quand il passait du temps à la maison, il venait en cuisine pour grignoter quatre à cinq fois par jour. » Il en profitait pour bavarder, donner quelques consignes, demander aussi quelques conseils, tout ce qui était gastronomie et cuisine l'intéressait.

Parmi ses grandes préférences, on trouvait des soupes chaudes ou froides, le museau vinaigrette, le boudin antillais, toutes sortes de pâtes, les escargots, toutes les viandes excepté le lapin. Un mauvais souvenir d'enfance.

« Il avait aussi une passion pour les sauces, précise Jacqueline. Il en affectionnait des dizaines, chacune avec une spécificité, et bien sûr les moutardes, les vinaigres. Côté produits de la mer, il aimait le saumon, le bar, la daurade, les crustacés. Pour ce qui était du dessert, pas d'enthousiasme général, mais quelques points faibles, notamment le baba au rhum, le tiramisu, la crème brûlée ou la glace à la vanille. »

Côté légumes, c'était, et de loin, la pomme de terre qu'il préférait, ce qui indique que les légumes en général ne lui arrachaient pas des hurlements d'enthousiasme. En revanche, tous les plats uniques (choucroute, couscous, paëlla), les viandes rouges, avaient sa préférence.

Parfois, il passait en cuisine, pas seulement pour grignoter ou donner des consignes, mais pour se mettre lui-même au travail, notamment avec son extraordinaire sauce tomate du chef, telle que l'avait baptisée Jacqueline Benoît, une recette qu'il tenait de son ancien chef italien et dont le secret réside dans le temps de cuisson long. Pour Johnny, cette recette pas si évidente à réussir était son morceau de bravoure culinaire, et c'est resté une recette très précieuse pour Jacqueline.

Le plus beau souvenir gastronomique de Jacqueline, c'est la fois où elle a converti Johnny à la truffade. Il était un peu réticent au départ et puis il l'a laissée faire. Ensuite, il en réclamait de plus en plus souvent. Jusqu'à cette nuit où il l'a réveillée vers 2 heures du matin. Il rentrait de studio, épuisé, mais incapable de dormir à cause de l'excitation des heures qui avaient précédé.

« Quand je suis arrivée dans la cuisine, encore à moitié endormie, il m'a dit avec son air d'enfant gourmand et un peu honteux de ce qu'il était en train de faire, qu'il aimerait bien manger une truffade. Il était tellement gentil, si timide, je ne pouvais rien lui refuser. Il s'est assis à table, dans la cuisine, m'a regardé faire, et comme je me préparais à aller le servir au salon, il m'a encore regardée avec son petit air implorant : « Jacqueline, vous n'allez pas me laisser manger tout seul ! ». Et j'ai eu le plaisir de la déguster avec lui cette nuit-là, dans son salon, en tête-à-tête. »

DÉBUTS

Sa tante Hélène avait décidé qu'il deviendrait chanteur. À quinze ans, il se convertissait au rock et commençait à fréquenter le Golf-Drouot, c'est là qu'il faisait ses premiers pas sur une scène aussi étroite soit-elle.

Le 30 décembre 1959, Johnny participait au Marcadet Palace à l'enregistrement d'une émission radiophonique. Coup de chance et peut-être n'en était-ce pas un, tous ses copains de La Trinité auxquels s'ajoutaient les habitués du Golf-Drouot, étaient venus faire la claque pour lui. Cela faisait beaucoup de monde qui hurlait son nom à chaque apparition. À la fin de l'enregistrement, il était remarqué par deux auteurs de chanson qui lui proposaient de faire un disque et mieux encore de lui écrire des chansons, rien que pour lui.

Le 14 mars 1960, sortait son premier 45 tours, *Laisse les filles*, *T'aimer follement*, *J'étais fou*, écrit par Lee Halliday, et *Oh ! Oh ! Baby*. On pouvait lire sur la pochette du disque : « 16 ans à lui tout seul, un tempérament d'enfer, possédé par le démon du rock, tel est Johnny Hallyday. C'est un jeune qui compose pour les jeunes de la musique jeune. Américain, de culture française, il chante aussi bien en anglais qu'en français. »

On aura remarqué quelques erreurs volontaires. Johnny ne composait pas de chansons et surtout, il n'était pas Américain. À l'inverse, on aurait pu dire de lui qu'il était Français de culture américaine. Après un accueil un peu frileux, notamment à Europe 1 où Lucien Morisse, le grand manitou de la variété, casse le disque en hurlant : « Ce sera la première et la dernière fois que vous entendrez parler de ce Johnny Hallyday sur Europe 1 » – sacrée prédiction – le succès va venir assez vite. En quelques mois, le disque atteint les deux cent mille exemplaires vendus, ce qui est hallucinant pour un jeune homme de seize ans, sorti de nulle part.

Pressé d'en découdre avec un public qu'il imagine avide de découvrir le rock, il ne veut pas s'arrêter aux étapes traditionnelles qui jalonnent l'ascension d'un artiste. Son métier, il ne s'agit que de cela, il va l'apprendre sur les planches, ou plutôt sur les routes, en se lançant dans une multitude de concerts qui vont tout de suite l'emmener à travers la France. Il veut tout dévorer, tout connaître. La réponse du public est à la hauteur de ses ambitions. Il ne lui suffisait pas de vouloir sillonner la France en y donnant des concerts, encore fallait-il qu'on veuille l'y accueillir. C'est le cas à peu près partout.

En juillet et en août 1960, alors qu'il vient d'avoir dix-sept ans, il chante en alternance au Vieux Colombier de Juan-les-Pins et à Nice, Menton, St Raphaël, Le Cannet. C'est un véritable choc culturel, l'Hexagone découvre, quelques années après, une frénésie semblable à celle qui s'était emparée de l'Amérique avec l'arrivée d'Elvis Presley. Pour veiller sur lui, Johnny peut toujours compter sur Hélène, la tante merveilleuse qui, à soixante-douze ans, continue de baliser la carrière de son neveu avec lucidité et affection.

Roger Kasparian[20], le grand photographe des sixties, l'homme qui a photographié les plus grands groupes, des Stones aux Beatles, et les

---

20. Roger Kasparian est décédé le 15 février 2024, quelques mois après que nous avons eu de longs entretiens avec lui à propos de Johnny Hallyday. Le texte, déjà écrit, n'a pas été modifié. (Note de l'auteur)

plus grands artistes de ces années-là, a photographié pour la première fois Johnny au Théâtre de Verdure à Nice, en 1962 : « Johnny ne pouvait pas s'échapper après le concert tant la pression de ses admirateurs était forte. Je passais par-là, armé de mon appareil photo et l'entourage m'avait demandé de l'aider à s'enfuir. »

Ainsi, Johnny est sorti, caché sous une couverture, dans la 403 Peugeot que conduisait Roger Kasparian. C'était leur première rencontre, pour de bon. Ça crée des liens même si, ce soir-là, comme au cours d'autres soirées, les deux jeunes hommes (Kasparian n'avait que trois ou quatre ans de plus que Johnny) n'ont pas beaucoup échangé. Ce n'était pas leur genre.

« Je le trouvais timide. Et aussi très attentif à ne pas trop se lâcher car il craignait de commettre des impairs. Il n'avait pas l'air de se rendre compte du phénomène qu'il provoquait. Il n'avait pas plus de dix-neuf ou vingt ans, et il était devenu le symbole de toute la jeunesse de l'époque. Je le comprenais d'autant mieux qu'on était de la même génération. Autour de moi, j'entendais des jugements moqueurs, "Ça ne va pas durer huit jours"... Il a quand même fini par des obsèques à la Madeleine en présence de trois présidents de la République. Nous, les jeunes, nous savions que ça allait durer, parce que tout ce qu'il chantait, tout ce qu'il était, tout ce qu'il représentait, ça nous parlait tellement. Les jeunes se sont reconnus en lui. Avec lui, ils ont découvert qu'ils avaient un pouvoir d'achat, et de l'autre côté, les maisons de disque ont découvert ce pouvoir d'achat. Ça tombait bien. »

D'autres photographes, des plus célèbres comme Jean-Marie Périer, ont partagé plusieurs moments de la vie de Johnny. Tony Frank, notamment, qui lui est resté attaché pendant plusieurs années. Daniel Angeli, qui a passé douze ans avec lui. Tous ont eu leur expérience Johnny, ils l'ont connu dans certaines périodes de sa vie qui étaient sans doute très éloignées de ce qu'il avait pu être en d'autres temps. Kasparian est le photographe des tout débuts. Quand le personnage Johnny Hallyday ne s'était pas encore créé et mythifié. « Ce qui ressortait déjà, c'est que la scène était sa vie. »

Il n'est pas étonnant qu'il ait tourné le dos très vite aux centaines de milliers d'exemplaires vendus de son premier disque, pour aller se jeter sur les routes. C'est cela et cela seul qui l'intéressait.

Il n'a d'ailleurs jamais été un grand vendeur de disques, jusqu'au moment où Goldman et Berger, dans les années 80, lui ont composé des albums devenus culte. Sa vie, c'était la scène là où son intelligence s'imposait.

« On avait l'impression qu'il était capable de tout contrôler, poursuit Kasparian, malgré ses déhanchements, ses contorsions, ses gestes fous, ses envies de se jeter par terre en hurlant. Tout était organisé. On ne sentait chez lui aucun stress. Je l'ai vu arriver un jour les yeux cernés, avec énormément de retard, manifestement pas dans son assiette, monter sur la scène sans se maquiller, sans se préparer, sans changer de vêtements, il a empoigné le micro, s'est mis à chanter, et en quelques secondes, il a mis tout le monde dans sa poche. J'étais jeune, assez inexpérimenté, mais j'avais cette conviction que ce jeune type, si avare de mots, qui semblait vouloir se fondre dans l'anonymat dès qu'il était hors de la scène, était préparé depuis longtemps à être Johnny Hallyday.

Quand il chantait, sur quelque scène que ce soit, il ne se contentait pas de donner un spectacle, il fallait que le spectacle soit aussi dans la salle et il y parvenait tous les soirs, sans même l'avoir cherché. »

Les débuts de Johnny ? À le voir fasciner les foules et enchanter ses fans, on avait toujours la sensation que ses vrais débuts n'étaient rien d'autre qu'un fantasme.

DENEUVE (CATHERINE)

C'est une histoire qui ressemble à celle de Fausto Coppi et sa Dame blanche. L'immense coureur italien des années 1940 et 1950, a longtemps fait fantasmer le public sur une jeune femme qui apparaissait parfois, tel un fantôme protecteur, au bord des routes que sillonnait le coureur. Fantasme ou réalité, la Dame blanche a accompagné jusqu'après sa mort, le 2 janvier 1960, la légende du campionissimo. Coppi était marié et père de famille mais à chaque apparition, la rumeur prenait un peu plus d'ampleur. Qui était cette mystérieuse femme ? Très jolie, jeune, furtive, personne n'avait jamais pu lui parler. Était-elle sa maîtresse ? Ou simplement sa protectrice, comme le suggéraient beaucoup de fans ? Coppi est mort en emportant son secret.

Et si Catherine Deneuve avait été la *Dame blanche* de Johnny Hallyday ? Ils s'étaient rencontrés sur le tournage du film *Les Parisiennes*, à l'époque Johnny avait dix-huit ans, ils avaient eu une aventure. C'était tout ce qu'on savait. La suite était incertaine. Restait le souvenir du film, en septembre 1961, quand Johnny chantait *Retiens la nuit* à Catherine. Environ vingt ans plus tard, il reconnaîtrait : « Catherine Deneuve est le grand amour de mes dix-huit ans. Pour nous, le temps a suspendu son vol bien plus d'une nuit. »

Très habile lorsqu'il s'agissait d'entretenir le suspense, quitte à s'écarter assez largement des tristes réalités de la vie, Johnny laissera entendre de temps en temps que cette relation avec Deneuve ne s'est pas arrêtée aux années 1960. Une allusion par-ci, un compliment par-là, régulièrement il alimentait une rumeur que personne n'avait envie de démentir. En tout cas pas Catherine Deneuve, pourtant habituée à protéger farouchement les limites de sa vie privée. Il faut dire que Johnny était adroit. Il ne donnait jamais de date, ne faisait aucune allusion précise à tel ou tel moment, à telle ou telle rencontre. Mais il attisait la curiosité : « Pour moi, elle incarnait l'idéal féminin. Elle me rappelait les plus troublantes héroïnes d'Alfred Hitchcock, du feu sous la glace. » Il laissait aussi entendre que son pacte avec Catherine était de ne jamais afficher leur relation, de ne jamais la commenter.

Cette relation, existante ou pas, fantasmée peut-être, n'a quand même jamais été du goût des compagnes de Johnny Hallyday. Sylvie Vartan, après leur divorce, a éprouvé beaucoup de colère et d'amertume lorsqu'elle avait pu lire dans la presse que sa séparation avec Johnny était causée par Catherine Deneuve.

Catherine Deneuve, telle une « Dame blanche », aurait été présente à chaque moment important de la vie de Johnny, sans que personne ne puisse jamais attester l'avoir vue. En 1966, quand, abandonné par Sylvie, il se retrouve à l'hôpital à la suite d'une tentative de suicide. En 1972, quand Sylvie veut à nouveau se séparer de lui, son infidélité étant en cause. Il serait allé se réfugier chez Catherine Deneuve, alors en couple avec Marcello Mastroianni, mais qui l'avait accueilli bien volontiers pour le consoler.

Étrange relation. Amour ? Amitié ? Amitié amoureuse ?

Parfois, ils pouvaient passer plusieurs années sans se voir, mais apparemment sans jamais s'oublier. Le 22 octobre de chaque année, Johnny faisait même porter des fleurs à Catherine pour son anniversaire.

Quand le journaliste Gilles Lhote écrit *Destroy*, qui raconte la vie de Johnny avec sa collaboration, un nom revient, ou plutôt un nom de code, que Johnny aurait donné à Catherine Deneuve pour la faire apparaître discrètement dans ses mémoires. Lady Lucille. Selon le texte, Johnny évoque sa *Dame blanche* mais sans jamais la nommer. Une façon de protéger un amour qui dure et qui semble-t-il, durera toujours.

Après la mort de Johnny, au mois de décembre 2017, Gille Lhote publie un nouveau livre, qui cette fois-ci est consacré entièrement à *Lady Lucille*. Cette fois, il ne voile pas la vérité. Gilles Lhote raconte sans ambiguïté comment Catherine Deneuve et Johnny Hallyday auraient noué un lien très fort pendant près de soixante ans. L'auteur parle d'une amitié amoureuse, ce que semble confirmer Catherine Deneuve dans un entretien donné aux *Inrocks* : « [...] Je l'ai revu souvent depuis le film. J'avais beaucoup d'affection pour lui. Un peu plus que de l'affection, d'ailleurs. Un vrai attachement. »

Cette fois ce n'est pas Sylvie Vartan, désormais loin de toutes ces contingences, qui s'insurge, mais Laeticia. Elle affiche même sa colère à l'endroit de *Paris Match* qui a repris les informations données dans le livre : « On a réécrit leur vie, leur amitié. Je l'ai pris comme une trahison. Johnny avait un côté manipulateur, il lui est arrivé de biaiser avec la vérité pour entretenir sa légende. Il était le seul, légitime, à pouvoir le faire. Je n'admets pas qu'on puisse le faire parler maintenant qu'il est mort. »

Il faut dire que Gilles Lhote y allait assez fort, affirmant même que Laeticia avait été très jalouse de Catherine Deneuve : « Catherine a compté pour lui, c'était une amie, répond Laeticia. Mais quand elle venait à ses anniversaires, c'est moi qui l'invitais, Johnny n'avait même pas son numéro de téléphone. »

Et pour conclure avec ce qu'elle considère être une histoire lamentable, Laeticia ajoute : « Il n'y a jamais eu d'amour secret dans la vie de Johnny. Entre Deneuve et lui, il y a eu une aventure il y a cinquante ans, sur le tournage d'un film. Le reste, ce sont des inventions. »

Plus de soixante ans après la mort de Fausto Coppi, personne ne peut dire si la *Dame blanche* a réellement existé ou si elle n'était qu'un fantasme. *Lady Lucille* existe, c'est une certitude, et pour Johnny elle a été bien plus qu'un fantasme.

DOUBLURE

Il aurait été l'homme invisible s'il n'avait pris parfois plaisir à venir chanter sur scène aux côtés de Johnny. On aurait pu le surnommer « la Voix de son Maître », et c'était vrai, mais cela aurait été ressenti comme un jugement indélicat. Il avait tellement de talent.

Érick Bamy était avant tout un grand chanteur et un musicien d'excellence. Frère de Maddly, la dernière compagne de Jacques Brel, il avait fait une grande partie de sa carrière dans l'entourage de Johnny. D'un tempérament réservé, sensible, il n'aimait pas étaler sa belle culture, et sur ce point les deux hommes s'accordaient. Autre point commun : la chanson était toute sa vie. Il s'en excusait presque : « Je ne sais faire que ça. »

Érick Bamy était à la fois le coordinateur musical de Johnny, son choriste, le grand manitou de toutes les équipes, celui qui avait la confiance absolue du taulier sur le plan artistique. Il préparait chaque concert, les répétitions, les enregistrements, organisait les castings, cherchait et trouvait les meilleurs musiciens en France et aux États-Unis. C'était un sacré travail, déjà.

Il avait un autre talent, presque secret, en tout cas inconnu du public. Sa voix, magnifique, était une sorte de double vocal de Johnny. Incroyable. Comme s'ils étaient sortis l'un et l'autre d'un même moule. Pendant vingt-sept ans, Érick a accompagné Johnny, a partagé ses concerts, l'a présenté chaque soir sur scène, très professionnel, toujours à l'écoute des autres, perfectionniste. Surtout, il a chanté chaque soir, dans son ombre pourrait-on dire. Une ombre vocale que personne ne remarquait mais qui était là. Quand il était parmi les choristes, c'était le plus facile, il jouait son rôle de choriste. Lorsqu'il s'agissait d'apporter un peu de puissance dans des stades trop grands, c'était autre chose. On ne voyait pas forcément Érick Bamy, mais il était là et sa voix portait, tout en se confondant avec celle de Johnny. La même voix. Au Parc des Princes, au Stade de France, au parc de Sceaux, au stade Vélodrome à Marseille, quand des dizaines de milliers de spectateurs hurlant leur amour auraient pu troubler la voix du chanteur, Érick Bamy était là.

Il a même été en quelques occasions une sorte de « SOS dépannage » pétri de talent quand Johnny, grippé ou tout simplement en grande méforme, avait besoin qu'il lui apporte un relais plus important que d'habitude. Ainsi, lors d'un concert à Bruxelles, Johnny avait subi une extinction de voix, quarante minutes avant d'entrer en scène. La panique s'était emparée de tout le staff, et déjà on envisageait d'annuler le concert. C'était assez dramatique dans la mesure où la salle était déjà pleine à craquer. Il n'y avait pas de solution. C'est alors qu'Érick Bamy s'était proposé : « Je peux le faire. Johnny n'aura qu'à aller sur scène, et donner son spectacle comme il en a l'habitude, et moi, en suivant le prompteur je vais chanter à sa place. »

La proposition était presque irréelle. Comment Érick Bamy pouvait-il imaginer tenir sur scène pendant deux heures, en chantant le répertoire prévu, et sans que quiconque s'en aperçoive. C'est ce qu'il a fait pourtant, ça s'est merveilleusement passé et personne dans le public ne s'est rendu compte de quoi que ce soit. La doublure avait réussi son pari.

Un peu plus tard, au restaurant où se retrouvait toute l'équipe, Johnny était arrivé avec un cadeau pour Érick. Une écharpe qu'il lui avait offerte tout en le prenant dans ses bras : « Tu m'as sauvé la vie ce soir. »

Vingt-sept ans de confiance et d'amitié, vingt-sept ans de moments forts, de grandes joies et parfois de grandes peurs, avant qu'un jour tout s'arrête. Brutalement. Comme c'était arrivé pour d'autres, comme ça arriverait plus tard à d'autres. Après la tournée de l'année 2000, Érick sera remercié par téléphone. Officiellement, c'était la production qui prenait cette décision. Ce que tout le monde savait, c'est que Laeticia et son entourage avaient décidé une fois de plus de faire le ménage. Érick Bamy prenait désormais trop de place sur scène et se piquait même de prendre celle de Johnny !

Déçu, attristé de voir que, malgré leur amitié, Johnny n'avait pas empêché son éviction (les fameuses faiblesses du taulier), Érick Bamy quittait la scène. En tout cas, celle où se trouvait Johnny. La doublure rentrait définitivement dans l'ombre et ne résisterait pas longtemps à l'injustice qui l'avait frappé. Dans les années qui suivaient, Érick Bamy, oublié, amer, mourrait d'un cancer.

FEMMES

Il lui arrivait de dire qu'il n'était ni un séducteur ni un homme à femmes. Ça pouvait faire sourire. C'était une vérité, quand même. Il a connu beaucoup de femmes, en a aimé certaines, et à l'exception d'une ou deux d'entre elles[21], a recherché chez ces compagnes des qualités qui n'intéressent généralement pas les séducteurs effrénés. Et encore moins les hommes à femmes.

Sylvie Vartan avait un an de moins que lui mais elle a été longtemps son gouvernail. Elle était la raison, celle qui l'empêchait de déborder.

Nathalie Baye a été une référence. Pendant les quelques années qu'ils ont passées ensemble, le temps d'avoir une fille, il a semblé presque gêné d'être son compagnon. Comme s'il n'était pas à sa place. Le syndrome de l'imposteur. Il était pourtant parfaitement à sa place, et la tendresse qui se lisait dans le regard de Nathalie aurait dû le rassurer. Pour elle, pour lui plaire, il a fait beaucoup de choses. Il a modifié sa façon de s'habiller, a éliminé tous les alcools forts pour ne plus boire que du vin, a participé à des dîners qui l'ennuyaient le plus souvent. Il voulait qu'elle soit fière de lui, même si le plus souvent pendant ces dîners il n'ouvrait pas la bouche, se contentant d'écouter. Il a fait tellement d'efforts qu'il en avait fini par ne plus être lui-même.

La maison à Montfort-l'Amaury, dans la banlieue parisienne, ce n'était pas non plus son style. Ils se sont aimés tout de même, énormément, et ont conservé après leur séparation une estime mutuelle. Nathalie

---

21. Adeline, Nanette Workman.

lui apportait sérénité, intelligence et apaisement. Elle avait su au fil des mois construire une relation douce, sans à-coups. Le seul problème, jamais résolu, c'est qu'elle l'impressionnait, au point que tout au long de leur relation, il n'a jamais pu s'empêcher de craindre de la décevoir.

D'autres femmes sont apparues plus ou moins brièvement dans sa vie, qui correspondaient aussi à ce profil rassurant, presque tranquillisant. Elles étaient de plus en plus jeunes, mais cela ne change rien à l'affaire. Babette Étienne, qu'il a épousée fortuitement à Los Angeles (un mariage qui finalement serait annulé), était très jolie, éclatante de dynamisme, sexy, et d'une gentillesse redoutable. Jamais un reproche à lui faire.

« C'était une trop gentille fille dans le corps d'une femme fatale, avait-il avoué[22]. Même s'il était lui-même d'une gentillesse incroyable, il ne savait pas toujours très bien se comporter avec les femmes. Surtout quand elles étaient « trop gentilles ». Il avait eu une courte liaison avec Gisèle Galante, journaliste à *Paris Match*[23], encore une jeune femme d'une gentillesse invraisemblable, qui le rassurait et tempérait ses angoisses. Ce n'était pas un homme pour elle, ça crevait les yeux, mais elle ne voulait pas le voir et lui ne voyait jamais ce qui le dérangeait. Il pouvait avoir des emballements et, quelques semaines seulement après avoir fait connaissance de Gisèle, lui avait offert une bague de fiançailles. Cette fois l'affaire prenait une ampleur inattendue mais, quelque temps plus tard les fiançailles étaient rompues. Johnny, désolé, avouait qu'il était tombé amoureux d'une autre jeune femme. Leah, le mannequin canadien, au corps de femme fatale elle

22. *Dans mes yeux*, Johnny Hallyday, Amanda Sthers.

23. Elle est la fille de Pierre Galante, ancien journaliste à *Paris Match*, et de l'actrice Olivia de Havilland.

aussi, sans que l'on en sache plus sur sa gentillesse. Toujours est-il que quelque temps après, la pauvre Gisèle Galante pouvait apprécier au doigt de Leah, en photo dans *Paris Match*, la bague de fiançailles qu'elle avait eu la délicatesse de rendre à Johnny. La gentillesse n'empêche pas certaines muflleries.

Les dernières années, il y eut Laeticia qui, malgré leurs trente ans d'écart avait assez vite endossé un rôle de protectrice des jours et même des nuits de son homme. Laeticia veillait à tout, surveillait Johnny, et évitait autant que possible tous les écarts, et sans doute avait-elle fini par rendre sa vie monotone. Elle avait réussi là où Sylvie, Nathalie avaient échoué. Le rockeur s'était attendri. Il est vrai qu'il avait alors passé l'âge de certains excès.

Loin de l'image du cavaleur qu'il ne fut jamais, on retrouvait dans ses errances, le petit garçon en quête d'un vrai foyer. C'est ce qu'il cherchait réellement à travers une femme : l'équilibre qu'il n'avait jamais connu dans son enfance. Cela provoquait de grands élans, des emballements inarrêtables, la capacité à renverser des montagnes pour l'heureuse élue, de sacrifier ou plutôt d'adopter une nouvelle ligne de conduite. Mais ça ne durait pas, à un moment réapparaissait Johnny le rebelle et la belle histoire était finie.

Avec la mauvaise foi dont il était coutumier, il essayait de justifier ses ruptures par des relations on ne peut plus complexes : « Les femmes, ça paraît formidable de loin. Mais de près il faut se méfier. » Il leur reprochait de l'avoir parfois quitté pour les mêmes raisons qu'elles l'avaient aimé. Et de vouloir à tout prix le transformer. « Moi, quand j'aime une femme, je n'ai pas dans la tête l'idée de la changer, de modifier telle ou telle attitude, de chambarder son équilibre entre ses qualités et ses défauts. »

Tous ces mots, ces illusions perdues dans ses rapports avec les femmes, ce n'est rien d'autre qu'une façon de reconnaître que le bonheur, dans son cas, fut toujours un objectif assez lointain. Et toujours impossible à atteindre.

FOI

Il avait un an lors de son baptême en 1944, en l'église de la Sainte-Trinité, à Paris. Ça ne s'est pas arrêté là. Élevé par sa tante Hélène, croyante et pratiquante, dans une foi rigoureuse, Jean-Philippe ne s'est jamais éloigné de la religion. Même s'il a pris quelques détours.

Lors de ses obsèques à la Madeleine, célébrées sous le signe de Dieu et de la foi, Mgr Benoist de Sinety, vicaire général du diocèse de Paris, devait prononcer dans son homélie des paroles fortes, surprenantes même : « [...] À sa manière, tout au long de sa vie, il a cherché l'amour et il a compris que le moyen le plus certain d'y parvenir était d'aimer, d'aimer sans compter, d'aimer toujours. »

Ce jour-là, on célébrait un chrétien, en toute simplicité malgré le décor solennel et chargé de pompe et de magnificence, un homme simple au-delà de sa gloire terrestre : « [...] La vie de Johnny Hallyday, parce qu'elle a manifesté l'Amour, y compris dans ses pauvretés et dans ses manques, nous invite à lever les yeux vers Celui qui en est la source et l'accomplissement. »

Toute sa vie, il fut à la fois croyant et libre penseur. Marqué pour toujours par l'éducation de sa tante, et même s'il avait pris ses distances, il se définissait volontiers comme un chrétien bien dans sa peau. Quand il en parlait. Johnny n'était certainement pas du genre à s'épancher publiquement sur sa foi ou sa spiritualité.

Au travers d'interviews, il semait parfois quelques indices, montrant ses fragilités, sa quête de repères, ses doutes. Mais c'est dans ses chansons que l'on retrouvait, très tôt, le thème de la foi. On retrouvera, tout au long de sa vie et de sa carrière, des références religieuses. Dès 1961, la chanson *Avec une poignée de terre*, sur l'album *Retiens la nuit*, raconte librement, légèrement, la création du monde et de la femme par Dieu... :

« Avec une seule poignée de terre, Il a créé le monde / Et quand il eut créé la terre Tout en faisant sa ronde / Le seigneur jugeant en somme Qu'il manquait le minimum / Il créa la femme Et l'amour qu'elle a donné aux hommes. »

Par la suite, et à plusieurs reprises, il allait séduire les foules avec des mélodies puisant allègrement dans les références religieuses comme *Si j'étais un charpentier*[24], dans laquelle il se met à la place de Saint Joseph, le père terrestre de Jésus :

« Si j'étais un charpentier/Si tu t'appelais Marie / Voudrais-tu d'abord m'épouser / Et porter notre enfant/Prends l'amour que je te donne / Tu dois être forte / Quand notre fils sera un homme / Il aura beaucoup à faire. »

Ou le très controversé *Jésus-Christ*[25], qui présente le Messie comme un... « Hippie »[26] :

24. 1967.

25. Voir entrée « Labro (Philippe) ».

26. 1970.

« S'il existe encore aujourd'hui / il doit vivre aux États-Unis / il doit jouer de la guitare / et coucher sur les bacs des gares / il doit fumer de la marijane / avec un regard bleu qui plane. »

L'époque sort de 1968 mais la chanson fait polémique. Elle est interdite sur les ondes de l'ORTF et le rockeur frôle l'excommunication.

Quand on l'accuse de blasphémer, il se fâche et prend Jésus à témoin : « On peut me faire ce qu'on voudra, je resterai chrétien. Je suis sûr que Jésus, lui, ne m'en veut pas. Il sait que je n'ai pas voulu l'insulter ni le tourner en dérision, et cela seul compte pour moi. »

À l'approche de la soixantaine, il offre à la maman de Jésus et à l'épouse de Joseph, un hommage ému et émouvant. Une façon de boucler la boucle. C'est la chanson, *Marie*, sortie en 2002 et vendue à un million d'exemplaires. Un triomphe :

« Oh Marie si je pouvais, Dans tes bras nus me reposer / Oh Marie si tu savais, Tout le mal que l'on m'a fait, Oh Marie j'attendrai qu'au ciel tu viennes me retrouver. »

Quelques années plus tard, il se livre un peu plus concrètement lors d'une interview accordée à l'hebdomadaire chrétien, *La Vie* : « J'ai reçu une éducation religieuse, je ne suis pas pratiquant mais je reste croyant. Dieu, c'est mon idole, dit-il. Je ne crois pas en un au-delà, à une autre vie après notre disparition ». Entre Dieu et lui, la relation semble parfois compliquée. « J'ai rarement été exaucé dans mes prières. À plusieurs reprises, quand des êtres qui m'étaient chers étaient sur le point de trépasser, je me suis adressé au ciel. En vain... J'en suis arrivé à la conclusion que Dieu ne peut pas accomplir grand-chose pour ses créatures. »

Comme il a aussi rencontré l'abbé Pierre, il insiste sur une relation beaucoup plus simple et réconfortante : « Son humanité, son amour des êtres humains m'ont touché. Parler avec lui fut extrêmement apaisant. Et finalement, nous partageons, l'Abbé Pierre et moi, la même vision de la religion. Il ne cessait de me répéter : "Il faut croire, même si nous ne sommes pas exaucés." »

Le 9 décembre, à la Madeleine, Mgr Benoist de Sinety avait osé conclure son homélie en laissant le dernier mot à Dieu et à celui auquel on disait adieu : « Te voilà accueilli par un Père qui ouvre les bras à l'enfant tant aimé, toi qui as tant cherché et tant donné aussi. Avec toi, nous l'entendons te dire pour toujours ces paroles qui viennent en écho jusqu'à nous car elles nous sont aussi adressées, sans aucun doute possible : "Que je t'aime, que je t'aime…" »

GODARD (JEAN-LUC)

C'est une rencontre qui aurait pu changer définitivement le cours de sa carrière cinématographique. Ce ne fut pas le cas, même si elle provoqua une révélation.

Johnny vivait alors avec Nathalie Baye, laquelle avait reçu l'année précédente un César d'interprétation pour le film *La Balance*. Quelques mois plus tard, elle donnait naissance à Laura.

De retour sur les plateaux, elle tournait *Notre histoire*, de Bertrand Blier, avec Alain Delon et recevait de plus en plus de sollicitations. Un grand nombre de réalisateurs voulaient lui confier un rôle. Son heure de gloire était arrivée après ce premier César. Voilà que même Godard, le grand Jean-Luc Godard, voulait l'inviter à déjeuner, sans doute avec une idée derrière la tête.

Le matin même, elle en parla à Johnny, sachant à quel point son compagnon adorait le cinéaste. Johnny proposa de se joindre à eux. Il ressentait un plaisir de gosse à l'idée de cette rencontre. Avec l'espoir de toucher un peu plus à un autre monde qui le fascinait, celui du cinéma. Pour lui, rencontrer Godard, c'était un peu comme pour un boxeur rencontrer Mohamed Ali. Un rêve.

Déception, au cours du déjeuner, Jean-Luc Godard ne s'intéressa pas une seconde au compagnon de Nathalie Baye. Peut-être contrarié par la présence impromptue de Johnny. Il passa tout le temps de la rencontre à échanger avec Nathalie, à lui expliquer le rôle qu'elle allait jouer dans son futur film. Il parlait, parlait, résolument tourné vers l'actrice, délaissant presque ostensiblement Johnny. Celui-ci était tellement admiratif qu'il n'en conçut pas vraiment de rancœur, juste la déception d'avoir peut-être laissé passer sa chance de communiquer avec cet homme qu'il admirait tant.

Cette scène nous ramène à cette forme d'humilité dont faisait preuve Johnny. Après tout, Godard s'était mal conduit, se montrant plus qu'impoli, il n'avait pas à se sentir coupable. De quoi d'ailleurs ? D'un peu de maladresse ? De ne pas avoir intéressé le « génie » ?

Ce n'était pas fini. Quelque temps après, Godard téléphonait au domicile du couple et lorsque Johnny, qui avait répondu, commença à dire que Nathalie n'était pas là, le cinéaste le coupa : « C'est à vous que je veux parler. Je voudrais qu'on déjeune. Je peux vous offrir un rôle dans mon prochain film. »

Épaté, sous le choc, Johnny se demanda d'abord s'il n'avait pas été victime d'une mauvaise farce. Ce Godard qui l'avait totalement ignoré quelques semaines plus tôt, voilà qu'il lui faisait des avances ! Il n'était pas au bout de son étonnement et des déceptions. La suite, il nous l'avait racontée un soir de 1997, dans un restaurant de Gstaad autour d'une fondue. Nous étions huit personnes à table, et comme parfois les silences se faisaient pesants, nous avions tenté de donner le change, en interrogeant Johnny sur sa confrontation avec Godard. C'était un sujet passionnant, quand même. Il s'est donc mis à raconter les premières approches et puis ce fameux déjeuner : « Il m'a invité chez Prunier, restaurant spécialisé dans le poisson, il est arrivé avec pas mal de retard, s'est assis sans même s'excuser et à vrai dire sans m'adresser la parole. Il avait l'air de mauvaise humeur, pressé, et décidé à ne pas perdre de temps. Très vite, il a commandé des côtes d'agneau (!), puis a poursuivi dans son silence. Moi j'étais là, en face de lui, en me demandant ce qu'il voulait. Je ne savais pas quoi dire, j'avais surtout peur de dire une connerie. Donc je me taisais, comme il se taisait lui-même, tout cela n'était pas très gai. Le temps passait, heureusement très vite, et je me sentais de plus en plus con, dans l'incapacité d'adopter une attitude. Et puis Godard s'est levé, il a jeté de l'argent sur la table et il est parti après m'avoir dit : « Ma secrétaire vous appellera. » Je me sentais de plus en plus con. C'était comme si j'avais eu affaire à une apparition. »

Un peu cauchemardesque il faut bien le dire. Là encore, dans la façon de raconter, ce soir-là, sa manière de se mettre en scène comme un fantoche vis-à-vis de l'odieux personnage tout puissant et inatteignable composé par Godard, il y avait beaucoup d'humilité. Il aurait pu, vingt ans plus tard, raconter l'histoire d'une autre façon, bander les muscles, inventer des dialogues où il aurait remis Godard à sa place. Parce qu'il était quand même Johnny Hallyday et qu'on ne pouvait pas se comporter comme ça avec lui. Au lieu de ça, il racontait la vérité, telle quelle, et même si elle n'était pas glorieuse pour lui. Selon nous, elle n'était surtout pas glorieuse pour Godard qui avait sans doute voulu l'observer « en situation ». Le malaise était grand, quand même. Peut-être y aurait-il eu d'autres manières de faire.

Le lendemain, il recevait un appel de la production pour lui dire qu'il commençait à tourner dans deux semaines, le film s'appelait *Détective*, et Godard n'éprouvait pas le besoin de le rencontrer, de lui

expliquer quoi que ce soit sur son rôle avant de le retrouver pour le tournage. Improvisation, improvisation.

Dès le premier jour, Johnny allait découvrir un autre monde que celui qu'il connaissait. Dans l'univers de Godard, le réalisateur écrivait la veille ce qu'on allait jouer le lendemain, donnait le plus souvent leur texte aux comédiens une demi-heure avant de tourner, interdisait aux acteurs d'être coiffés ou maquillés…

Les deux hommes s'entendaient bien. Godard, qui pouvait être très dur avec ses acteurs, avec Claude Brasseur notamment, choisissait sur chaque film des têtes de Turc qu'il martyrisait à l'occasion. Jamais il ne s'en serait pris à Johnny, qui aurait sans doute supporté cela aussi. Mais leurs liens étaient devenus très forts dès les premiers jours, et même s'ils ne se parlaient pas très souvent. Johnny avait compris que tout le scénario de première rencontre, au-delà de la provocation, avait permis à Godard de l'étudier. Il voulait voir comment il se comporterait sous l'œil d'une caméra. Le figer à une table de restaurant pendant une heure sans lui adresser la parole, noter ses émotions, ses sentiments, sa gêne, éventuellement, pour Godard c'était du travail. Il avait déjà dans la tête de faire de Johnny son acteur et il avait commencé de le scruter.

Une fois qu'a été posé le décor, le metteur en scène s'est employé à mettre son acteur à l'aise : « Quand tu joues, fais comme quand tu chantes. Tu es dans un opéra, tu es quelqu'un de solitaire, même s'il y a plein de gens autour de toi, personne ne te comprend, personne n'arrive à t'attraper. »

Johnny reconnaissait qu'il en avait bavé pendant ces huit semaines. Avec Godard, disait-il, on est sur une poudrière. À un moment tout va bien et dix minutes après tout va mal. Et c'était pareil pour tout le monde. En même temps il était tellement heureux d'apprendre, de se sentir devenir autre sous l'œil de cette caméra, un acteur. Comme pour résumer toute cette rencontre qui aurait pu changer son destin, il confiait : « Si demain il me téléphone en me disant “Voilà, je fais un film, je te veux comme acteur, tu ne seras pas payé ou au mieux très peu payé, est-ce que tu veux le faire ?”, je le fais tout de suite. »

THE FLAME
Les Aiglons

GOLF-DROUOT

Tout est parti d'un malentendu. À quinze ans, Johnny va voir au cinéma le nouveau film dont Elvis Presley est la vedette. Le titre, *Loving You*, ne l'effraie pas. Il ne fait pas même attention au fait que ce soit aussi le titre d'une chanson d'Elvis. Tout ce qu'il veut, c'est voir un de ces westerns dont il raffole, et si en plus son idole est en tête d'affiche, ça sera tant mieux.

Ô surprise, pas de chevauchée, ni de coups de feu et encore moins de cow-boys ni d'Indiens en train de s'étriper. Elvis Presley est certes habillé en cow-boy, mais il passe le plus clair de son temps à chanter. Dans la salle, l'enthousiasme des jeunes fans féminines est trépidant et Johnny est suffisamment décontenancé pour quitter la séance avant la fin. Ce mélange des genres ne l'intéresse pas. Il a quand même ressenti de l'émotion, et de l'intérêt pour certaines chansons chantées par Elvis, assez frénétiques et assourdissantes. Intrigué, il retourne au cinéma le lendemain et, cette fois, va voir le film jusqu'au bout. Le rock and roll vient d'entrer dans sa vie, en quelques heures il va l'avoir dans le sang. Pas même le temps de la réflexion, il se dit que c'est là que se trouve son chemin, et se procure une guitare électrique, quelques partitions de chansons d'Elvis Presley, et pénètre définitivement dans un nouveau monde.

C'est un copain qui l'emmène pour la première fois au Golf-Drouot, chemin obligé pour ceux qui prennent au sérieux ce rock and roll qui, pour l'instant, est surtout l'objet de moqueries en France. Situé à l'angle de la rue Drouot et du boulevard Montmartre, la discothèque bénéficie de la proximité de la gare Saint-Lazare d'où arrivent les jeunes de cités ouvrières. Le patron, habillé d'une veste blanche de barman, accueille gentiment les adolescents fauchés mais pleins d'espérance qui se regroupent devant un juke-box, pour écouter les tubes de Bill Haley, Elvis Presley, Jerry Lee Lewis, Gene Vincent, Little Richard ou Chuck Berry. Là, pendant des heures, tous ces gosses un peu paumés, mais avec des rêves plein la tête, s'emplissent d'Amérique, se nourrissent de la légende de leurs idoles et pour les plus chanceux commencent à porter les premiers 501, les jeans des cow-boys qu'il faut aller chercher dans les surplus des marchés aux puces de Saint-Ouen.

Au Golf-Drouot, on écoute, on parle, on rêve mais on chante aussi et Johnny ne se fait pas prier. Pour le moment, il chante les chansons des autres, celles qui appartiennent à tout le monde, mais il commence à rêver de mieux encore, plus fort, plus poignant. C'est là qu'il noue une amitié à la vie à la mort avec Christian Blondieau dit Long Chris. C'est là aussi qu'il entraîne son copain Claude Moine qui ne s'appelle pas encore Eddy Mitchell, alors employé du Crédit lyonnais.

En écoutant les chansons d'Elvis ou d'Eddy Cochran, Johnny ne se contente pas de rêver. Il découvre peu à peu que le rock and roll, cette musique étrange qui bouscule toutes les habitudes, peut être aussi un moyen de changer la vie, de changer sa vie. Il a des exemples américains plein les yeux et bientôt, alors qu'il a à peine seize ans, il commence à se dire que lui aussi pourrait y arriver. Il suffit d'y croire, de ne pas trahir la pureté du rock and roll et se couler dans cette histoire en mouvement, qui va créer un séisme générationnel.

Quand il sort du Golf-Drouot, c'est pour tenter sa chance ailleurs, notamment auprès des maisons d'édition musicale. Avec Lee Halliday qui s'occupe de plus en plus activement de son début de carrière, il mène des démarches épuisantes, montrent ce qu'ils savent faire et reçoivent systématiquement la même réponse : on vous écrira. Il y aurait de quoi désespérer. Alors il retourne au Golf-Drouot, continue d'enthousiasmer ses copains de plus en plus fans quand ils l'écoutent, et obtient même un diplôme de rock and roll, mention « Formidable ». C'est incroyable mais le rock continue d'être méprisé en France, isolé, écouté en cachette par des jeunes qui se sentent à part. Daniel Filipacchi n'a pas encore percé avec son *Salut les copains*, une nouvelle révolution en devenir, à la radio et plus tard en presse écrite. Johnny, tête de gondole d'un mouvement qui deviendra historique sans même s'en rendre compte, va prendre les devants, casser les codes et créer sa propre révolution.

Le 30 décembre 1959, il participe au *Marcadet Palace* à l'enregistrement de l'émission *Paris Cocktail*. Tous ses potes du Golf-Drouot, ses copains du quartier de la Trinité et aussi ceux qui sont devenus ses fanatiques après ses passages au Moulin-Rouge, tous se déchaînent, hurlent son nom dès que Johnny paraît sur scène.

Le plafond de verre est brisé, et dans les mois qui viennent, le Golf-Drouot, grâce à ce gosse de seize ans, devient l'endroit où se précipitent tous les acteurs du show-business en quête de jeunes prodiges qui seraient les égaux de Johnny Hallyday. Ils n'en trouveront pas mais pourront découvrir Eddy Mitchell qui monte un groupe, Les Chaussettes noires, et d'autres talents de plus en plus nombreux, parfois fugaces.

C'est une déferlante à laquelle rien ne résiste et, le 20 septembre 1960, suprême couronnement, Johnny Hallyday, dix-sept ans, chante en première partie du spectacle de Raymond Devos à l'Alhambra. Il doit y chanter trois chansons mais, poussé par une partie du public, composé de ses fans, il rajoute deux chansons et fait grimper l'ambiance jusqu'à indigner l'autre partie du public, celle qui était venue voir l'humoriste de génie qu'est Raymond Devos[27].

C'est un moment historique dans la vie de Johnny Hallyday mais aussi dans celle de tous ceux qui ont pu vivre les années qui suivront. La coupure est profonde entre deux sortes de France, qui paraissent irréconciliables et le resteront longtemps. Il faudra que les années passent, fassent leur travail, pour qu'enfin les Français se réconcilient autour de Johnny, adoubé par tous.

27. Voir entrée « Amis ».

HUMANITÉ

1962. Les concerts se succèdent à une cadence infernale. À l'époque, les moyens de transport ont du mal à suivre cette frénésie. Les déplacements en avions privés ne sont pas encore à la mode, le TGV n'existe pas. Reste la voiture mais les autoroutes ne mènent pas si loin. Pour aller d'une ville à l'autre, quand il faut faire 400 kilomètres, il est bon de se lever tôt. La plupart du temps, après une nuit blanche. Mais Johnny a dix-neuf ans, l'âge où on ne dort pas. Depuis des mois il est entraîné dans une valse folle entre alcool qui coule à flots, virées dans les boîtes, farces pas très fines faites aux copains, et les filles, toutes les filles, pour ne pas aller se coucher seul, longtemps après la fin du concert.

Une énième tournée l'emmène pour un concert dans une ville des Cévennes où une grève de mineurs se prolonge depuis un mois. Il arrive, déjà épuisé par le voyage, et entend parler, en discutant avec les gens de l'hôtel, de cette grève qui n'en finit pas. Il ne dit rien, assure son spectacle en matinée, comme prévu, puis va voir son manager, Johnny Stark, pour lui réclamer la recette intégrale du spectacle.

« Mais pourquoi ? demande Johnny Stark.

— Je voudrais avoir la recette, c'est tout », répond Johnny.

Courroucé mais soumis, pour une fois, Johnny Stark va chercher la recette du spectacle qu'il apporte dans une boîte en carton. Là, le chanteur demande à voir le représentant des grévistes. Lorsque celui-ci arrive, Johnny lui tend la boîte :

« Monsieur, je sais que vous êtes en grève, on m'a expliqué pourquoi. Je ne fais pas de politique, mais voilà, vous avez des femmes et des enfants. Moi, j'arrive avec une bagnole américaine et je gagne beaucoup d'argent en chantant, pendant que des gens n'ont pas de quoi bouffer. Alors voici la recette de la matinée. »

Et il donne la boîte en carton au gréviste, un peu ahuri. À la sortie du théâtre, les mineurs, mis tout de suite au courant, se rassemblent avec leurs casques et leurs lampes allumées et lui offrent une haie d'honneur en guise de remerciement.

Cette histoire, comme bien d'autres, montre à quel point ce jeune homme qui avait souffert dans sa première jeunesse d'absence d'affection, et aussi d'inconfort matériel, n'avait rien oublié. Marqué par une petite enfance mal fagotée, il n'en avait tiré aucune rancœur. Contre personne. Même pas contre la vie. Il était fait ainsi, ce qui lui arrivait désormais, il le prenait comme une chance, pas comme une revanche.

Johnny n'avait pas de comptes à régler ni avec son enfance ni avec son passé, ni avec les gens qui avaient pu lui faire du tort. Il regardait devant lui, et saluait à sa manière la chance qu'il avait. Plus tard, il dira même que c'est difficile toute cette gloire, ce succès, cette richesse qui vous tombe dessus et qui continue de se déverser sur vous au fil des années. Comment s'empêcher de penser, parfois, que tout cela pourrait s'arrêter un jour. Sur ce point, il se trompait.

En attendant, il était heureux de ce qui lui arrivait, heureux de profiter de cette fortune nouvelle, et plus heureux encore quand il avait l'occasion d'en faire profiter des moins bien lotis. Ce sont des convictions étonnantes, sans doute, chez un garçon de moins de vingt ans, mais c'est ainsi.

C'était extraordinaire chez lui, cette capacité à mêler dans un même mouvement ses virées alcoolisées, faites d'esclandres et de dévergondage, de bagarres, et de scandales souvent, qui accompagnaient chacune de ses nuits après un concert, et à pouvoir, presque dans la foulée, donner, faire un geste magnifique, comme sans y penser, avec le plus grand naturel.

À Toulon, la même année, à six heures du matin, la nuit ayant été très longue après le concert, il déambule près d'une place où est en train de s'installer un marché. Il n'est même plus ivre, les heures ont passé. Une marchande des quatre saisons le reconnaît et l'aborde avec gentillesse : « Monsieur, ma fille est paralysée. Dans sa chambre, elle a des milliers de photos de vous, c'est ce qui la fait survivre. » La femme est digne, elle ne réclame rien. Elle a juste raconté sa petite histoire avec des yeux suppliants.

« Où vous habitez ?, demande Johnny.

Elle désigne une rue un peu plus loin : J'habite là.

— Très bien, on va aller la voir. »

Et il entre à six heures du matin dans la chambre de la petite fille, bouleversée, qui ne comprend pas d'où peut surgir cette apparition semblable à son idole.

Sa générosité ne tenait pas qu'à des élans surgis du fond de la nuit et de l'alcool. Elle pouvait être pensée concrètement, organisée. Le 25 décembre 1969, Johnny et Sylvie organisent en secret un arbre de Noël un peu particulier dans leur appartement parisien, avenue du Président-Wilson. L'administrateur des comptes de Johnny, Alain

Schwartz, a ramené ce soir-là de l'Assistance publique dix filles et dix garçons de cinq à six ans. Il s'agit de leur offrir un Noël féerique loin de ce que ces enfants ont pu connaître dans leur jeune vie. David, le fils de Johnny et Sylvie, a trois ans et il est heureux de partager ce moment avec ces enfants inconnus dont les yeux brillent. Tout est parfait, Sylvie est vêtue de blanc, Carlos, secrétaire et confident de Sylvie, est allé lui-même acheter de somptueux jouets au Nain bleu, il s'est déguisé en père Noël pour distribuer les cadeaux aux enfants. Aucune publicité, aucune communication. Il s'agissait seulement de donner un peu de bonheur à des gosses qui n'en recevaient jamais.

D'autres personnalités plus célèbres pouvaient témoigner à l'occasion de l'humanité de Johnny. Richard Bohringer, grand acteur, tête d'affiche, et écrivain couvert d'éloges[28], n'avait pas oublié que dans des temps plus anciens, il avait été un petit acteur misérable qui courait après les rôles et n'avait la plupart du temps pas le moindre sou pour se payer un simple verre. Pourtant, Richard Bohringer adorait la nuit et, quand il le pouvait, il ne se levait qu'en fin d'après-midi pour attendre ce moment où commenceraient les festivités. Mais il était pauvre, et ne pouvait jamais participer à quelque fête que ce soit. À Saint-Germain-des-Prés, quelques patrons d'établissements à la mode faisaient même en sorte qu'il ne franchisse jamais leur seuil.

« Il suffisait que Johnny arrive pour que tout change. Il m'attrapait, me faisait entrer avec lui, m'invitait à sa table et me traitait avec beaucoup d'amitié et de respect. Si quelqu'un de son entourage venait à me snober ou à faire une réflexion désagréable, parce que j'étais un peu ivre, ou en tout cas parce que je n'avais pas bonne apparence, je voyais le regard bleu de Johnny s'assombrir puis se durcir. On n'était

---

28. *C'est beau une ville la nuit,* son premier livre, a été vendu à plusieurs centaines de milliers d'exemplaires.

pas loin de l'éclat. Dans ce cas, la plupart du temps, la personne comprenait et passait à autre chose. C'était extraordinaire, cette attitude. Il était une star au sommet et se foutait pas mal de savoir si j'étais riche ou pauvre, si j'avais trop bu, si j'étais dans la merde et si mes vêtements étaient minables. Ma seule personne l'intéressait. Et ça n'a jamais changé. »

Une autre situation presque méconnue, parce que Johnny ne racontait et ne mettait jamais en scène ces moments, c'était cette nuit partagée avec Christophe. Au début des années 1990, Christophe et Johnny venaient de chanter à moindre distance l'un de l'autre et s'étaient retrouvés par hasard dans un hôtel réputé pour accueillir les stars en tournée dans la région.

Après avoir dîné ensemble avec quelques musiciens, et comme ni l'un ni l'autre n'avaient envie d'aller se coucher, ils avaient continué à parler, tous les deux, dans le secret de la nuit. C'était une époque – et il y en eut beaucoup – où Christophe, dépensant toujours quatre fois plus d'argent qu'il n'en gagnait, avait encore des dettes importantes, des retards d'impôts colossaux, et se faisait du souci pour les journées qui arrivaient. Johnny avait écouté, sans rien dire.

Le lendemain matin, la troupe Hallyday avait déjà quitté l'hôtel lorsque Christophe est descendu. À la réception, on lui signala que « Monsieur Hallyday » avait laissé une petite enveloppe pour lui. Dans l'enveloppe se trouvait un chèque en blanc, et juste quelques mots : « Mets la somme qui t'arrange. »

Christophe n'a jamais encaissé le chèque qu'il gardait en souvenir, ils n'en ont jamais reparlé mais en évoquant cette histoire, il sentait monter des larmes.

Jacqueline Benoit, sa cuisinière pendant huit ans, a vécu près de lui et partagé des moments inoubliables. Au-delà d'un simple rapport cordial patron-employée.

« Quand il avait quelque chose à me demander, dans le cadre de mon travail, il le faisait toujours avec beaucoup de gentillesse. Il était comme ça. Respectueux et détestant jouer les patrons. D'ailleurs, il ne supportait pas les conflits. Il était aussi amical, et même affectueux. De temps en temps, il m'emmenait au restaurant, sous prétexte de me faire découvrir la cuisine des autres, c'était surtout pour me faire plaisir. Comme cette fois où il m'a rapporté au retour d'un célèbre restaurant de poissons et crustacés, un homard à la sauce aigre-douce qu'il avait fait préparer pour moi, en prétextant que c'était pour Laura. »

IDOLE(S)

Ce n'est pas si courant : l'idole avait des idoles. C'était sans doute le meilleur moyen pour lui d'évacuer la pression qu'apporte la célébrité à un tel niveau. Depuis l'âge de dix-huit ans, à peu près, il faisait l'objet d'un mouvement d'idolâtrie jamais interrompu et presque rageur. Cela aurait pu être éprouvant pour n'importe qui, c'était sans doute un peu plus pesant pour lui qui n'avait pas eu l'habitude d'être aimé à ce point et qui, à force d'humilité, tendait à s'interroger en permanence : « Ai-je vraiment mérité ça ? »

Être une idole, c'est une fonction que certains embrassent avec volupté. Pour lui, c'était comme une menace sur sa santé mentale. Déjà, il avait eu beaucoup de mal à s'adapter à son nouveau statut de chanteur à succès. Mon métier, c'est d'être Johnny Hallyday, disait-il parfois avec un peu de mélancolie. Il aurait pu ajouter que ce métier, il le faisait à fond et en y mettant tout son cœur. Quant à lui demander, en plus, de revendiquer le statut d'idole…

Il faut bien retourner, encore, au plus profond de son enfance de petit garçon qui se sentait abandonné, déjà par son père, un peu plus tard par sa mère. Bien sûr, les Halliday lui avaient donné suffisamment d'attention, et même une certaine forme de tendresse, mais ça ne remplace pas tout, ça ne remplit pas les creux de l'absence et de l'oubli.

Au fond, le plus important, ce n'est pas l'amour qu'on vous donne, c'est celui que vous pensez mériter de recevoir. Nous avons tous envie d'être aimés, bien sûr, et tous nous voulons avoir le sentiment d'être aimés. Ce n'est pas la même chose. Nous avons juste besoin, parfois, de croire à des choses qui n'existent pas.

Cette ambiguïté, on la trouve résumée dans une chanson des premières années, celles d'une jeune gloire, l'idole des jeunes.

« Les gens m'appellent l'idole des jeunes, il en est même qui m'envient, mais ils ne savent pas, dans la vie, à quel point seul je suis[29]. »

Comment dire mieux ce sentiment d'incompréhension, de confusion entre un amour qui nous manque, qu'on a attendu en vain, et ce trop d'amour dont on vous abreuve, et dont vous ne savez que faire, au bout du compte.

Pour se protéger et nourrir son humilité naturelle, il lui fallait pouvoir se tourner à son tour vers des idoles. Ça vous laisse le cœur léger, et c'est aussi une manière de rester un peu plus longtemps dans l'enfance.

Il avouait sans gêne avoir lui-même demandé parfois des autographes, et sachant ce que l'on peut ressentir à ce moment-là, il disait qu'il ne lui était jamais arrivé de refuser d'en signer un. Timide, presque maladivement, il savait tout l'effort et le courage que doit réunir celui qui demande un autographe. Il se souvenait même que très jeune, il avait attendu à la sortie d'un théâtre parisien la grande actrice suédoise Ingrid Bergman qui venait de jouer une pièce. Il faisait froid, le temps avait passé, ils n'étaient plus que quelques courageux à attendre que la star apparaisse. Et quand enfin elle était sortie, Johnny n'avait pas osé l'aborder.

29. *L'Idole des jeunes*, adaptation française par Ralph Bernet, 1962. Le titre américain, chanté par Ricky Nelson, avait été écrit par Jack Lewis.

Les hasards de la vie et les bienfaits de sa propre célébrité ont fait qu'il puisse rencontrer parfois certaines de ses idoles sans même l'avoir cherché. Ainsi au gala de l'Unicef au Trocadéro. Alors qu'il n'avait rien demandé, on lui avait présenté Marlon Brando, l'acteur américain qu'il admirait le plus après James Dean. Celui dont il mimait des répliques dans sa chambre d'ado. Il avait eu du mal à lui adresser deux phrases. Son émotion était trop grande et, comme toujours dans ces moments-là, elle le paralysait.

Comme il avait un certain sens de l'humour, il avait quand même noté après cette rencontre que Marlon Brando était beaucoup plus petit qu'il n'avait imaginé. Pas du tout impressionnant, et c'est ce qui l'avait impressionné.

Il avait été fasciné, aussi, par Richard Burton, accompagné de Liz Taylor, mais pas pour les mêmes raisons. Il avait pu partager une fin de soirée dans la loge de l'acteur gallois. C'était pour lui comme une récompense suprême. Passer un peu de temps avec ce monstre de talent, de beauté, d'intelligence. Une culture incroyable, qui touchait à son métier, au théâtre, à la littérature. Écrasant. Johnny n'en menait pas large ce soir-là, mais il savait qu'il y avait un terrain sur lequel ils pouvaient se retrouver, celui de l'alcool. Et il ne s'était pas trompé. Dans la loge de l'acteur, ce soir-là, on trouvait sur une table de nombreuses bouteilles de whisky et de vodka. Et Burton de dire, sur un ton sobre mais volontaire : « Personne ne sort tant que les bouteilles sont pleines. » Le genre de phrases qui décontractent les plus timides.

Il y avait aussi Elvis, sans doute la toute première idole. Un an avant sa mort, en 1977, Johnny avait pris l'avion, seul, pour aller assister à un concert d'Elvis Presley, à Atlantic City. Il voulait absolument le voir au moins une fois sur scène et savait que les occasions ne seraient pas

si nombreuses à l'avenir, tant l'état de santé du King était alarmant. Elvis était gros, à la limite de l'obésité, il avait du mal à se déplacer, son image n'était plus celle du crooner à la beauté du diable. Johnny aurait pu être déçu, heureusement il y avait cette voix, extraordinaire encore, cette voix envoûtante qui faisait tout oublier.

Un an plus tard, en concert à Montpellier, Johnny apprenait la mort d'Elvis. Un choc. Sans réfléchir, il avait fait cesser les applaudissements de ses fans, demandé à ce qu'on baisse les lumières de la salle et que tous ensemble, fans et chanteur, ils respectent une minute de silence en mémoire de l'idole absolue.

Il y avait Piaf[30] aussi, et Montand et Signoret, dont il admirait autant le couple que le génie professionnel, il y avait encore, plus loin de son territoire, des personnalités qui prouvaient si besoin ce que pouvait être l'étendue de sa culture. Ceux qui avaient envie de le dézinguer à tout prix le décrivaient volontiers sans intelligence et inculte, profitant de cette vocation à se mettre en retrait, laquelle ne servait pas ses intérêts. Et il s'en fichait.

Ceux-là auraient été bien surpris d'apprendre que la belle chanson composée et écrite par Michel Berger, *Quelque chose de Tennessee*, et dont tout le monde avait peu à peu découvert qu'elle s'adressait au grand écrivain américain Tennessee Williams[31], avait été inspirée à Berger par une longue conversation avec Johnny. En préparant son disque, Michel Berger avait demandé à Johnny de lui dire quelles étaient les choses ou les gens qui étaient importants dans sa vie, qui en quelque sorte guidaient ses pas, lui prenant un peu de temps

30. Voir entrée « Piaf ».

31. Écrivain et auteur dramatique, auteur de pièces à succès comme *Un tramway nommé Désir, La Chatte sur un toit brûlant, La Ménagerie de verre.*

dans ses réflexions. Tout ce qui pouvait toucher son intelligence et lui apportait des émotions. Et Johnny avait évoqué Tennessee Williams, sa passion pour le théâtre de l'auteur dramatique, en parlant timidement, comme d'habitude, mais avec une vraie connaissance.

Une autre de ses idoles : Elia Kazan. À l'époque, Johnny venait de finir le tournage du film *Terminus* avec Pierre-William Glenn. Le réalisateur ayant eu connaissance du culte voué par son acteur à Elia Kazan, écrivain et cinéaste américain magnifique, auteur de tant de chefs-d'œuvre[32]. Pour Johnny, il n'y avait rien au-dessus d'Elia Kazan dans le monde des réalisateurs de cinéma. La chose était simple et pas discutable. Un jour où Elia Kazan était à Paris et devait donner une conférence à la Cinémathèque, Pierre-William Glenn avait proposé à Johnny de l'accompagner, ainsi il pourrait lui faire dédicacer ce petit livre culte que constitue *Kazan par Kazan*, formidable recueil de souvenirs et réflexions du réalisateur. Cette fois, Johnny était bien décidé à ne pas reculer, pourtant quand Pierre-William Glenn lui a présenté Elia Kazan, le livre est resté dans sa poche, l'émotion était trop forte. Heureusement l'histoire ne s'arrête pas là. Quelque temps plus tard, Michel Drucker, qui recevait Johnny sur le plateau de son émission et avait entendu parler de cette histoire, devait lui faire la surprise d'inviter le réalisateur américain sur le plateau, ce qui permettait à celui-ci de dédicacer en direct un livre à son admirateur.

32. Livre de Michel Ciment, Stock, 1973.

INTELLIGENCE

Il a été si longtemps caricaturé comme un imbécile qu'il aurait pu finir par le croire. Sans doute était-il trop intelligent pour cela. Bien avant le livre de Daniel Rondeau[33] reprenant une série d'interviews dans *Le Monde*, qui allaient lui donner ses lettres de noblesse aux yeux d'une certaine intelligentsia, il suffisait de regarder Johnny, de l'écouter chanter et de contempler sa carrière pour savoir qu'il était tout sauf un idiot.

Les Guignols, entre autres, l'avaient caricaturé à coups de « Ah ! que ». C'était à la fois d'une grande cruauté et d'une injustice totale. Son intelligence n'était certes pas de celles qui s'appuient sur une éducation riche, une culture profonde, elle était autre : l'intelligence de la vie, du public, un instinct, une intuition et surtout, une étonnante humilité : il savait ne pas posséder le bagage des autres et ne faisait pas semblant. Il n'a jamais su tricher, surtout pas avec lui-même. Être Johnny Hallyday lui donnait, pensait-il, plus de devoirs que de droits. Son intelligence était toujours en mouvement, avide de savoir. Il lui fallait apprendre pour « boucher les trous », disait-il, et il n'était pas gêné, au milieu d'une conversation, de demander la signification d'un mot un peu ardu qui venait d'être employé. C'était en petit comité. Quand il y avait un peu plus de monde, il s'abstenait. Philippe Labro se souvient[34] : « Je l'ai vu dans des dîners ne rien dire, ne pas intervenir dans les conversations, au risque de paraître s'ennuyer ou d'être largué,

33. *Johnny*, NiL, 1999.

34. Entretien avec l'auteur, 14 novembre 2023, Paris.

alors qu'il se contentait d'écouter attentivement parce qu'il savait que la plupart des convives avaient quelque chose à lui apporter. »

Il était Johnny Hallyday, certes, mais ne voulait pas déranger.

Il avait d'ailleurs une étrange façon d'écouter, les yeux fixant le vide, le regard lointain, comme s'il était à mille lieues de ce qu'on lui disait. C'était tout le contraire. Il enregistrait, n'interrompait jamais avec cette brutalité que possèdent ceux qui se croient au-dessus de tous.

Les moqueries des uns rencontraient les admirations des autres ? Il aurait pu répondre, comme James Dean, son idole : « Entre l'estime dont on vous comble et le mépris dont on vous accable, il n'y a bien souvent que la distance de l'incompréhension. »

Admiratif d'un parcours sidérant et d'un chemin tracé à travers les épreuves et toujours plus réussi – « personne ne peut lui être comparé à part Piaf » – Philippe Labro garde une immense tendresse et surtout une profonde admiration pour Johnny. Il a compris dès leur première rencontre qu'il avait affaire à un homme très intelligent. Au-delà du regard, profond et curieux, il y avait une qualité de réflexion qui semblait même, parfois, ralentir son élocution. C'était pour mieux penser à ce qu'il allait dire.

Son intelligence, pour ceux qui avaient envie de la voir, s'est manifestée en permanence dans ses choix de carrière. Les décisions qu'il prenait seul, après avoir longuement réfléchi, et parfois écouté quelques conseils, et en donnant toujours, au bout du compte, un léger avantage à son instinct. L'instinct, la meilleure façon de penser, quand même.

C'est cette intelligence qui l'a amené dans les années 1970 à se rapprocher de Philippe Labro, malgré leurs différences[35] puis, au début des années 1980, alors que sa carrière semblait patiner, à aller vers des auteurs comme Michel Berger et Jean-Jacques Goldman, qui ont composé deux de ses plus beaux albums. C'était encore une rupture avec le passé. Johnny n'avait jamais été un gros vendeur de disques, sa gloire enflait avec les tournées, les concerts à travers l'Europe, mais ses fans voulaient avant tout le voir sur scène. Avec les deux albums successifs de Berger et Goldman, tout a changé.

Son autre qualité, exceptionnelle pour quelqu'un qui n'était qu'un interprète, c'est l'intelligence de son interprétation, justement. Lorsqu'on entendait chanter Johnny, on était convaincu qu'il avait écrit ses paroles les unes après les autres. Les mots qu'il prononçait, ils ne pouvaient que lui appartenir, même si on savait que ce n'était pas vrai. *Quand revient la nuit*, *Entre mes mains*, *L'Envie*, *Je te promets*, *Elle m'oublie*, *J'ai oublié de vivre*, *Derrière l'amour*, *Requiem pour un fou*, autant de chansons qui racontent sa vie. Il en était le narrateur, l'interprète, le héros, tel un écrivain qui se serait mis en scène. Avec l'une ou avec l'autre de ces chansons, on retrouvait des épisodes d'un mariage malheureux, d'une enfance cruelle, d'une rupture brutale, d'un amour fracassé, de la trahison d'un ami. Quand il chantait *Sang pour sang* sur une musique composée par son fils David, comment ne pas imaginer qu'il avait écrit lui-même les paroles :

« J'ai pas toujours trouvé les mots pour bercer tes rêves d'enfant / J'ai jamais su trouver les gestes qui pouvaient soigner tes blessures. »

35. Voir entrée « Labro (Philippe) ».

Il s'adressait à David et même dans le plus grand stade, quatre-vingt mille personnes ne doutaient pas une seconde que chacun de ces mots, il les avait tirés du fond de son cœur.

Quelques années plus tôt, Jean-Jacques Goldman lui avait écrit une chanson pour sa fille. La chanson s'appelle *Laura*[36]. Encore une fois, comme si c'était lui qui avait écrit les mots, qui coulent, il parle à sa fille, il lui parle d'elle, il lui parle de lui. Les souvenirs poussent, les constats sont douloureux :

« Oh, Laura, j'aurais tant à apprendre de toi, tous ces mots tendres qu'on sait, moi je ne les sais pas… » Les souvenirs affluent, surgis de son enfance douloureuse : « J'ai poussé comme on respire, sans abri ni foi ni loi… Je n'ai jamais appris à donner tant d'amour… »

C'était presque magique, cette manière de parler de lui à travers les mots des autres. Le talent des Goldman, Berger, ou autres auteurs, est grand, certes. Mais pour écrire de telles choses, ils avaient pu lire au plus profond de Johnny. C'est cela aussi, l'intelligence, cette manière de se faire comprendre, de signifier l'indicible sans jamais dire les mots soi-même. C'est sans doute une erreur – commise par tant d'entre nous – de croire que ses silences ne voulaient rien dire.

Philippe Labro, encore lui, l'avait bien compris, en lui écrivant, quelques années plus tôt, de magnifiques chansons dont il savait qu'elles deviendraient siennes. *Le Poème sur la Septième* est encore un exemple. Là, avec Labro, nous nous éloignons et Johnny s'éloigne avec nous, de toutes ces petites choses qui meublent sa vie d'homme. Oubliées les douleurs de la séparation, de la difficulté des relations avec ses enfants, de l'amour qui s'en va, d'une passion

36. Voir entrée « Laura ».

qui commence. Ce *Poème sur la Septième* de Beethoven est un texte précurseur qui annonce ce que va devenir la Terre un jour ou l'autre, bientôt, cette terre brûlée que nous laisserons à nos enfants à force de l'avoir ravagée à force d'inconscience. Quand il chantait cette chanson, dans chaque geste, chaque parole, il était dans la peau de celui qui voit la tragédie arriver et ne peut rien faire. « Je pense tout ce que je chante au moment où je le chante. Je crois en ce que je dis, j'interprète avant de chanter, je raconte des histoires et les gens partagent avec moi. »

Il avait une manière si simple de dire des choses si complexes et tellement profondes. Il croyait si fort à ce qu'il chantait, au point la plupart du temps de sortir de scène avec les yeux brouillés de larmes. Chaque soir, il était plus qu'un interprète, il était la vie.

Il était aussi doté d'un redoutable sens critique. Là où il y avait une faille que personne n'avait vue, il la détectait et demandait que l'on répare l'accroc. C'était discret mais d'une grande fermeté. Il n'exigeait rien mais on sentait qu'il n'y avait pas à discuter car il était sûr d'avoir raison. Et il avait raison, toujours.

« Cela a été flagrant au moment où il enregistrait, en 1999, *Pardon*[37], une chanson que j'avais écrite, se souvient Labro. Il y a eu un problème et il l'a dit à son fils. David servait souvent d'intermédiaire quand Johnny était ailleurs. Nous ne pouvions pas toujours être ensemble ni communiquer dans la seconde. Donc, un jour, David est venu me voir, embêté : "J'ai montré ton texte à Johnny et il y a quelque chose qui ne va pas, il faut le refaire. Il ne le sent pas comme ça. Ça ne colle pas." D'autres auraient pu dire que la critique manquait de précision.

37. Musique composée par David Hallyday, la chanson figure sur l'album *Sang pour sang*.

Qu'est-ce qui n'allait pas ? Moi, je n'avais pas besoin d'en savoir plus. Si ça coinçait pour lui, il fallait retravailler car il avait forcément raison. Johnny, c'était comme Édith Piaf et tous les très grands, il avait un sens inouï de ce que son public attendait et de ce que lui-même attendait. Finalement je l'ai réécrite et elle a très bien marché. »

En 2001, le générique de fin de la très jolie comédie dramatique, *15 Août*, était accompagné de la voix de Johnny égrenant les paroles d'un succès de Julio Iglesias, vieux de vingt ans, *Pauvres diables*, sous-titré, *Vous les femmes*. La surprise était grande de le retrouver interprétant cette ritournelle, loin de ses standards. Qu'était-il venu faire dans cette galère ? Tout simplement donner une nouvelle vie, une beauté insolite à ces paroles sans âme. Sa voix, écorchée vive, ses accents de désespoir se mêlaient si bien à la musique. Tout prenait une autre dimension et la chanson devenait un petit chef-d'œuvre de la variété. Impossible de l'écouter sans sentir monter les larmes. La magie Johnny.

JOHNNY, JADE ET JOY

C'était pour Laeticia plus qu'un rêve, un but suprême, un aboutissement, et elle l'avait dit à Johnny. Elle aurait, ils auraient des enfants, sinon leur vie ne ressemblerait jamais à ce qu'elle avait imaginé.

Ils avaient trente-deux ans d'écart, Johnny avait déjà deux enfants, David et Laura, il avait passé la cinquantaine, mais pas une seconde il ne lui était apparu qu'il pourrait refuser ce bonheur à sa jeune épouse. C'était décidé mais malheureusement la vie en décide autrement, parfois. C'est elle qui finit par avoir le dernier mot. Quitte à saccager vos rêves.

Pendant des années, Johnny et Laeticia ont essayé de tenir la promesse qu'ils s'étaient faite. Sans grand résultat, si ce n'est des déceptions cruelles, des espoirs toujours anéantis, des tentatives diverses qui échouaient inexorablement.

Le chagrin s'installait dans le cœur de Laeticia et Johnny lui-même devenait mélancolique car il comprenait le doute qui rongeait sa femme. Ils ont rencontré les plus grands spécialistes, cherché mille solutions, sans jamais trouver de réponses à leurs angoisses. Peu importait de savoir si ces tentatives échouaient à cause de l'un ou de l'autre, le problème n'était pas là. Ils étaient ensemble et le resteraient quoi qu'il arrive. Leur courage a failli vaciller, quand même, lorsque les tentatives de fécondation *in vitro* ont échoué. Comme une ultime déception. Noir c'est noir, il n'y avait plus d'espoir.

Ils ont alors pris la décision d'adopter. Et de redonner du souffle à leur vie. Des mois de formalités administratives, de déplacements, de questionnaires auxquels il fallait répondre et puis enfin la nouvelle magnifique est arrivée : un enfant les attendait près d'Hanoï, au Vietnam, et ils pouvaient aller le chercher. Avant même leur départ, ils savaient déjà quel enfant les attendait. Ils l'avaient choisi après avoir reçu une photo.

Arrivés à Hanoï, il leur a fallu encore patienter une nuit avant de se rendre dans le village, à 150 kilomètres de la capitale, où se trouvait l'enfant. Le lendemain, enfin, ils sont allés à la rencontre de ce bébé qui allait devenir leur fille. Ils étaient en larmes l'un et l'autre, leur émotion ne pouvait plus être contenue. Lorsqu'ils ont repris l'avion pour Paris, la fierté se lisait dans leurs regards : désormais ils étaient une famille.

Le photographe Daniel Angeli, qui les accompagnait cette fois, avait pu immortaliser tous ces moments, et notamment avec une photo exceptionnelle prise dans l'avion, où l'on voyait le ciel du Vietnam par le hublot et l'enfant entouré de son père et de sa mère.

Ils avaient choisi de prénommer la petite fille Jade, et quelques années plus tard lors de la seconde adoption, ils avaient prénommé l'enfant Joy. Une petite Vietnamienne, elle aussi. Il était surprenant que Johnny n'ait pas suivi son vieux rêve d'avoir un garçon à nouveau. Il en parlait beaucoup, il en avait tellement envie. « Il avait même choisi un prénom, Shane, du nom d'un héros de western (*L'Homme des vallées perdues* avec Alan Ladd.) Mais apparemment Laeticia préférait avoir affaire à nouveau à une fille. »

Dans les premières années, Johnny était resté un peu à l'écart de ses deux filles. Il n'avait pas trop les codes pour converser, ou pour communiquer tout simplement avec des petites filles. Il faut encore replonger dans son enfance pour se souvenir qu'il n'avait pas beaucoup d'expérience affective, lui-même. Laeticia pendant des années, a fait un travail important pour que les enfants et leur père s'apprivoisent. Elle n'hésitait pas en certaines circonstances à prendre une des filles et à la mettre sur les genoux de Johnny. D'abord embarrassé, celui-ci prenait plaisir peu à peu à la situation. Il était capable désormais d'avoir des gestes affectueux, de caresser la tête de son enfant, de le taquiner. La glace était rompue.

On sentait qu'il faisait tout cela avant tout pour le plaisir et le bonheur de Laeticia, tant il la trouvait désormais resplendissante dans sa maternité. Pour rien au monde, il n'aurait voulu gâcher son plaisir. Mais à force, il y trouvait son bonheur lui aussi. Daniel Angeli, encore, se souvient d'un moment particulier au tout début, lors de l'adoption de Jade : « J'ai fait une photo de lui en train de donner le biberon à la petite fille : "Je ne suis pas sûr que ça fasse très rockeur, m'a-t-il dit, qu'est-ce que tu en penses ?" Il avait posé la question mais on sentait plus d'humour que d'inquiétude dans son interrogation. Il était heureux. »

BE COOL

Ensuite les années ont passé, douces et joyeuses d'abord, pour les deux petites filles qui peu à peu se dirigeaient vers l'adolescence. C'était le temps de la gaieté, des voyages, des clameurs qui entouraient leur père. Tout leur paraissait aisé, et sans souci. De temps en temps, à Noël ou en d'autres circonstances, elles voyaient leur demi-frère David et leur demi-sœur Laura, de grands adultes qui leur paraissaient lointains mais plutôt chaleureux lorsqu'ils se trouvaient ensemble.

Un jour, le ciel s'est assombri. Leur papa était tombé malade. Elles ont compris que c'était grave. Lorsqu'on est les filles d'une telle star, on ne peut éviter d'être au courant de tout ce qui tourne autour de sa santé. Les journaux, les télés, les radios en parlaient sans arrêt. C'était grave, c'était un cancer. Elles ont vu leur père dépérir, lutter jour après jour pour rester aussi robuste que possible et tellement digne. Elles l'ont vu repartir en scène, chanter avec Eddy Mitchell et Jacques Dutronc, autres vieilles canailles, en une tournée qui ressemblait à un adieu et qui en était un. La vie ne souriait plus, la maison est peu à peu devenue une sorte d'hôpital, elles entendaient parfois leur père souffrir, et ce n'est pas un très joli souvenir d'enfance.

Jusqu'au dernier moment – et contrairement à David et Laura – elles ont pu rester près de leur père. Même quand il souffrait au-delà du supportable. Comme il avait encore des moments de lucidité et d'accalmie, elles pouvaient parfois accéder à sa chambre, y rester pendant un long moment, s'affairer, ça faisait du bien à Johnny.

Après, Johnny est mort, il y a eu ses obsèques tellement magistrales et émouvantes, comme un hommage de la nation à un de ses enfants, on n'oubliera pas les visages de ses deux filles qui semblaient perdues au cœur d'un événement trop grand pour elles. Ont-elles senti à ce moment-là le froid qui s'était déjà insinué entre leur mère et leurs demi-frère et demi-sœur ? C'est probable.

Quelques semaines plus tard, la guerre était déclarée, d'agression en agression, on en arrivait vite à un procès gigantesque qui tournait autour des dernières volontés de Johnny et de cette possibilité qu'il ait décidé de déshériter ses quatre enfants au bénéfice de sa femme. Ça, c'était le discours de David, qui n'en a jamais changé. Il était là, disait-il, pour défendre les intérêts de sa sœur Laura et aussi de ses petites sœurs. Et il faisait remarquer qu'elles étaient également déshéritées par le testament. Après des années de cruelles déchirures, l'affaire s'est réglée sans joie générale. On pouvait parler de demi-satisfaction, ou de pis-aller.

Pour Jade et Joy, il restait des comptes à régler. Personnellement ? Nous n'en sommes pas certain. Leur sortie s'apparentait plutôt à une opération commando menée par des envoyées spéciales. À l'occasion de l'exposition *Johnny Hallyday* qui se profilait à Paris en février 2024, elles passaient en effet à l'attaque. Avec une violence qu'on n'imaginait pas quand on sait que leur cible était David et Laura.

« Après la disparition de papa, on a cru qu'on aurait un lien plus fort, que ça allait tous nous rapprocher. On a le même nom, le même père, mais rien en commun à la fin », affirmait Joy dans *Paris Match*. « Comment peut-on se comporter ainsi quand on est censé faire partie de la même famille ? Même si je suis passée à autre chose, je n'oublierai jamais ce qu'ils nous ont fait [...] J'essaie de ne plus y penser, mais je crois que l'on ne pourra jamais leur pardonner. Ils nous ont blessées. »

Des mots choquants. De quelles blessures parlait Joy Hallyday ? De quels comportements indécents ? Il semble en fait qu'elle reproche à David et Laura d'avoir contesté le testament laissé par leur père, sans qu'on sache s'il était vraiment conscient de ce qu'il signait à ce moment très douloureux de sa vie[38]. Pour le reste, les reproches entendus sur TF1 ou dans *Paris Match* paraissent assez véniels. Les jeunes filles insistent sur le fait qu'elles n'ont que peu de souvenirs avec David et Laura car ils ne se voyaient pas souvent. Ce qui n'est quand même pas un drame. Elles reprochent à Laura d'avoir certes cherché une forme de proximité avec ses demi-sœurs sans pour autant lever entièrement la barrière qui les séparait. Une impression, sans doute, peu étayée.

Jade, allant puiser dans ses souvenirs d'enfant, raconte que petite elle s'accrochait à l'idée d'avoir un grand frère et une grande sœur parce qu'elle trouvait ça bien et sans doute parce qu'elle y était encouragée par son père. Et elle ajoute qu'à présent David et Laura ne lui manquent même plus. Tout ça est très confus et désordonné. Et ce n'est pas bien grave.

Il est d'ailleurs tentant de suivre l'idée de Laura Smet selon laquelle tout ceci n'était qu'une vaste opération de séduction et de communication à quelques jours de l'inauguration de l'exposition consacrée à Johnny, qui ouvrait ses portes le 22 décembre 2023.

Pas question pour Laura de répondre point par point – et d'ailleurs sur quels points ? – à ses demi-sœurs. Mais il semblait que dans cette famille pas comme les autres, rien, jamais, ne serait destiné à s'arranger.

---

38. Voir entrée « Héritage ».

JEAN-PHILIPPE

Signe du gémeau donc être double, il portait à l'origine un prénom composé, Jean-Philippe, il avait hérité du nom de sa mère, avant de s'appeler comme son père, Smet. Enfin, il a fini par envoyer tout cela aux oubliettes pour devenir Johnny Hallyday. Il y avait de l'ambivalence dans l'air.

Johnny n'avait jamais oublié Jean-Philippe. Un prénom qui lui servait à l'occasion de garde-fou, le ramenant dans une réalité dont il pouvait s'échapper.

Les débordements, les excès, les frasques en tous genres, c'était Johnny. La raison, la réflexion, le sens des responsabilités qui pouvait apparaître, c'était Jean-Philippe. Ça l'amusait de pouvoir regarder régulièrement en arrière et d'y trouver, avec ce Jean-Philippe, des souvenirs d'enfance et de jeunesse qui l'émouvaient. C'est agréable de pouvoir se regarder comme dans un miroir, en quête d'un passé enfui. Devenu star, Johnny gardait sa tendresse pour le jeune homme qui n'était alors sûr de rien. Jean-Philippe, c'était donc un prénom solide auquel se raccrocher quand tout allait mal.

C'était aussi un film, tourné en 2003 par Laurent Tuel, avec dans les rôles principaux Fabrice Luchini et Johnny Hallyday. Le scénario tient à

Johnny
Johnny Hallyday
LE REGARD DES AUTRES

la fois de la science-fiction et de la fantaisie. Fabrice, un cadre moyen, admirateur de Johnny Hallyday et collectionneur de tous les produits dérivés liés à son idole, reçoit un violent coup de poing au visage en rentrant d'une soirée bien arrosée. En moins de temps qu'il ne faut pour l'écrire, Fabrice se retrouve propulsé dans un monde où Johnny n'existe pas. Effroi de Fabrice. C'est comme si sa vie s'arrêtait. Tout ce à quoi il croyait n'existe plus. Restent sa femme et sa fille qui n'ont jamais partagé sa dévotion et dont il s'est coupé, peu à peu.

La star de l'époque s'appelle Chris Summer, et le Jean-Philippe Smet qu'il finit par retrouver à l'issue d'une habile enquête, est le patron du bowling baptisé L'Olympien. Il a le physique et la voix de Johnny, c'est tout. Ce Jean-Philippe est une sorte de pauvre type blasé, déçu, ignoré par sa femme, moqué par sa fille, et en passe de rater complètement sa vie. Jean-Philippe, jeune chanteur prometteur, n'a jamais percé. Un accident de scooter l'avait privé de participer à l'émission « Paris Cocktail » du 30 décembre 1959. L'émission à laquelle, dans l'autre vie, Johnny Hallyday a participé, c'était même sa première émission de radio, celle qui l'a rendu célèbre du jour au lendemain.

Dans le monde parallèle, c'est le dénommé Chris Summer qui a alors profité de l'absence de Jean-Philippe pour devenir star à sa place. Tout s'explique.

Fabrice en est maintenant certain : ce malheureux Jean-Philippe qui ignore tout de Johnny Hallyday, et pour cause, est bien son idole. Victime d'un coup du hasard, ou du destin, ou d'un coup du sort. Il lui faut réparer ça, lui permettre de reprendre sa place, le réveiller de ce cauchemar. Encore faut-il le convaincre.

Jean-Philippe n'est pas d'accord. Et il va falloir beaucoup d'efforts, de conviction, pour l'aider à rattraper quarante années perdues. Déjà, Fabrice doit convaincre Jean-Philippe de se remettre à la chanson à soixante ans passés, pour devenir la star que Fabrice aime au-delà de toute limite et dont il ne peut pas imaginer qu'elle n'existe pas.

Certaines scènes sont très dôles, notamment lorsque Fabrice aide Jean-Philippe à déchiffrer la chanson *Quelque chose de Tennessee* pour que, peu à peu, il apprenne à la chanter. C'est un régal de comédie avec des côtés plus profonds qui permettent de poser de bonnes questions sur le destin, la chance.

Que se serait-il passé si Johnny Hallyday avait eu lui aussi un accident ? Aurait-il pu passer à côté de toute une vie ? On rit de bon cœur, mais Johnny avouait que le scénario l'avait longtemps troublé. Il l'avait « bousculé » et poussé à se questionner sur son destin. Lui aussi aurait-il pu voir brisée sa trajectoire lumineuse ?

Au bout du compte, cette gentille comédie qui n'avait l'air de rien au départ posait bien des questions. Et amenait Johnny à deux conclusions : « J'ai eu énormément de chance dans ma vie, car rien n'a jamais entravé ma course. Et on voit dans le film ce qui peut se passer dès que surgit le moindre obstacle. Tout mon destin a été protégé par une bonne étoile. J'ai craint pendant très longtemps que tout cela s'arrête un jour, et cela ne s'est jamais arrêté. » Contrairement à Jean-Philippe, brisé par un accident. À la fin du film, on découvre que la malchance n'y était pas pour grand-chose.

LABRO (PHILIPPE)

« Johnny prétendait qu'on s'était rencontrés dans une boîte de la rue Saint-Benoît et qu'à l'époque je portais des santiags, lui aussi, même qu'on était les deux seuls. Il m'avait regardé et demandé où j'avais acheté mes santiags. Je lui avais répondu, à Santa Fe. Et toi, les tiennes ? Lui m'avait indiqué une autre ville, au Nouveau Mexique[39]... »

L'histoire est belle mais n'existe pas dans le souvenir de Philippe Labro. Selon l'écrivain, cinéaste, auteur de chansons, patron de radio et de télévision, la rencontre a eu lieu en d'autres temps et en d'autres lieux, même si le souvenir est moins romantique.

« Après avoir tourné mon premier film, *Tout peut arriver*, j'organisai une projection privée. C'est Eddie Vartan qui avait composé la musique du film et je lui avais suggéré d'inviter son beau-frère. Johnny était venu, avait regardé le film, sans se manifester plus que ça. Ensuite, en sortant sur le trottoir de la rue des Dames Augustines, je m'étais aperçu que Johnny était toujours là, accoudé à un réverbère, avec sa belle allure d'Américain tranquille. Il m'attendait.

Il n'était pas très bavard, tout le monde le savait, et très timide, c'était moins connu. Je pense qu'il avait attendu assez longtemps, juste pour que nous puissions nous retrouver en tête-à-tête. Quand on ne le

39. Entretien avec l'auteur, 14 novembre 2023, Paris.

connaissait pas, il avait toujours l'air de se forcer pour arriver à lâcher une phrase. Je ne sais pas s'il avait préparé son entrée en matière mais c'est sorti brusquement : "Voilà, j'ai adoré ton film, j'aime énormément le cinéma et j'aimerais en parler avec toi." On s'est mis à échanger à propos du cinéma pendant à peu près quarante-cinq minutes, debout sur le trottoir. J'ai vite compris ce qui le passionnait, c'était Elia Kazan, Marlon Brandon, James Dean, Montgomery Clift. Il parlait et son débit s'accélérait. Ses yeux brillaient, il me donnait un nombre incroyable de détails, évoquait quelques anecdotes. Je découvrais que c'était un cinéphile absolu. Je comprenais en même temps que le cinéma, c'était son truc, sa passion, et déjà on sentait pointer la frustration de ne pas réaliser la carrière cinématographique dont il rêvait. Mais ça c'est autre chose. À partir de cet amour commun pour le cinéma, nous avons commencé de nous voir plus ou moins régulièrement, nous sommes devenus amis. Là-dessus je suis parti aux États-Unis. À l'époque, j'étais fasciné par les hippies, sur les campus, et en rentrant en France quelques semaines plus tard, dans l'avion, j'ai griffonné une sorte de petit poème dont le titre était « Jésus-Christ est un hippie ». En résumé, j'écrivais que si Jésus vivait encore aujourd'hui, il serait aux USA, jouerait de la guitare, aurait une barbe, aimerait les filles aux seins nus et fumerait de la marijuana. Un petit délire pour passer le temps. »

Arrivé en France, Labro confie son « petit délire » à Eddie Vartan en lui disant qu'il s'était amusé à l'écrire mais ne doutait pas que personne ne le chanterait jamais. C'était trop provocateur pour l'époque même si Mai 68 se profilait.

« Il me dit : "Tu plaisantes ? Non seulement je le mets en musique, mais je suis sûr que Johnny va te le chanter". Et en effet Johnny l'enregistre, on fait un 45 tours avec *Jésus-Christ est un hippie* en face A et, en face B, on avait rapidement fait un petit pastiche de la chanson de Johnny Cash qui s'appelait *Wanted Man : On me recherche*. Il fallait faire un tour des radios avec le 45 tours sous le bras pour le proposer aux programmateurs et là, on ne peut pas dire que le succès était au rendez-vous. À RTL, Jean Farran, le grand patron, dit, ferme et définitif : "On ne passera jamais cette chanson, on a un public beaucoup trop catholique traditionnel et tout, ça ne marchera jamais." Heureusement, de l'autre côté de la rue, il y avait Lucien Morisse, le patron artistique d'Europe 1 qui réagit avec un bel esprit de concurrence : "RTL ne le passera pas ? Alors moi je vais le passer cinq fois par jour." Et *Jésus-Christ est un hippie* devient un best-seller, dans un grand flot de provocations, de scandales, et de protestations en tous genres. J'ai même été convoqué par un assistant à l'archevêché de Paris afin qu'il m'explique longuement que nous n'aurions jamais dû écrire ça[40] ! »

Pas loin de là, Lucien Morisse riait bien fort, se demandant si les auteurs du scandale allaient être excommuniés. « Non, dit Labro, mais la réprimande était quand même assez sérieuse. Depuis, les années ont passé, je continue de dire que si vous lisez ce texte de près, il n'a rien d'insolent et de provocateur. Il exprime que Jésus va finir sur la croix après avoir aidé des malheureux à Chicago, rien de plus. C'est une simple métaphore. »

À partir de ce succès et de ce scandale, une vraie amitié empreinte de fidélité et de camaraderie entre Johnny et Labro est née qui ne devait jamais se démentir. Après tout, ils étaient allés au feu ensemble.

« Deux ans plus tard, son oncle, Lee Halliday, m'appelle en me disant : "Voilà, on a de très très bonnes chansons avec de bons thèmes musicaux avec de très bons musiciens qui s'appellent Tommy Brown et

---

40. *Ibid.*

Micky Jones, et on va partir à Londres pour enregistrer tout un album avec ses chansons. Est-ce que tu veux venir pour écrire tout l'album ?"

— Évidemment.

Ma réponse a été fulgurante. Quelques jours plus tard, embarquant ma petite machine à écrire Olivetti, je me retrouvais à Londres, dans les studios Olympic, les studios où enregistraient les Beatles, avec de très grands musiciens. Moi, toute la journée, j'étais enfermé dans un hôtel, juste à côté, avec ma machine à écrire. On m'apportait les musiques, je venais de temps en temps sur le plateau et je pondais pratiquement deux textes par jour. L'album contenait une douzaine de titres. Tommy les enregistrait, rajoutait de la musique et c'est comme ça qu'ils ont fait des thèmes de tubes que beaucoup plus tard Johnny a continué de chanter. La chanson, *Ma jolie Sarah* date de cette époque et il l'a chantée pendant quarante ans. Il y avait aussi *Flagrant délit*, *Jeunesse est un péché*... J'ai adapté une autre chanson à laquelle j'ai donné le titre *Fils de personne* et qu'il a aussi chantée pendant quarante ans. Cette expérience a duré une quinzaine de jours, c'était passionnant et il en est sorti un album, *Flagrant délit*, avec pour illustrer la pochette, une photo de Jean-Marie Perrier, un poing qui sort des pavés, puisqu'on était en 1969[41]. »

Labro épousait l'air du temps et de l'époque, écrivait des chansons contemporaines, et ce qui est remarquable, c'est la façon dont Johnny et Lee ont jugé que c'était un tournant qu'il fallait prendre, à ce moment précis. Ce journaliste écrivain était une chance : il allait permettre à Johnny, pour la première fois, de quitter le yéyé. Fini *Da doo ron ron*, il devenait l'interprète de textes plus relevés, d'un autre niveau que ceux auxquels il avait été habitué. À partir de là, il a

41. *Ibid.*

régulièrement fait appel à des compositeurs, des écrivains, des paroliers qui haussaient le niveau. Il a même fini par travailler avec Goldman et Berger pour deux albums inoubliables, devenus culte.

« Je considère en toute humilité que j'ai été le premier à le faire entrer dans une autre catégorie. Tout ça a lié une amitié indéfectible et éternelle[42]. »

Plus tard encore, au début des années 1980, nouvelle révolution, en tout cas pour Johnny. Un jour, Philippe Labro lui propose d'enregistrer un poème qu'il a écrit sur la *Septième symphonie* de Beethoven ? Stupéfaction d'abord, sidération ensuite, puis Johnny répond, ferme : « Je ne peux pas chanter ça.

— Personne ne te demande de le chanter, tu ne chanteras pas, en revanche je vais proposer à Eddie Vartan de travailler sur le mouvement lent de la *Septième* de Beethoven, ce sera en fond musical derrière toi et tu diras le texte.

— Mais moi je ne suis pas là pour lire un poème. »

Je lui ai répondu qu'il pouvait tout interpréter, donc il pouvait tout dire, tout chanter. Il avait suffisamment de talent pour cela. C'est donc ce qu'il a fait, admirablement bien. C'est d'ailleurs un des textes dont je suis le plus fier. Je trouve que le résultat est étonnant. Tous ces événements mis bout à bout avaient fabriqué une amitié d'une solidité, d'une loyauté, d'une fidélité, d'une grande franchise. » Philippe Labro en est fier, il n'y a jamais eu un seul problème pour froisser cette amitié. Jamais de conflit[43].

42. *Ibid.*

43. *Ibid.*

Plus tard, ils ont commencé de se voir un peu moins parce que leurs vies prenaient des directions différentes. Labro, de son côté, vivait sa carrière à fond, écrivant des livres, dirigeant une radio, RTL, tournant des longs-métrages.

« Pour autant, nous n'avons jamais été distanciés, on continuait de s'appeler. La dernière chanson que j'ai écrite pour lui s'appelait *Pardon*, elle était dans le formidable *Sang pour sang* produit par David, son fils. À l'époque, je dirigeais RTL et la radio le sponsorisait. Quand j'allais le voir sur scène, à chaque fois il me faisait une fleur en annonçant au public : « Et maintenant la chanson de mon ami Philippe Labro. » Il chantait aussi parfois *La Fille aux cheveux clairs* que j'avais écrite pour lui et même un jour il m'a fait le plaisir de chanter *Essayer*, une chanson que j'aime beaucoup et qui n'était pas très souvent chantée. C'est comme ça, parfois certaines chansons accrochent moins le public et les interprètes sont bien obligés de les laisser en attente, un peu remisées. Pour me faire plaisir, un soir où j'étais là, et que je venais de le saluer dans sa loge avant qu'il entre en scène, il me dit : "Va t'asseoir tranquillement dans la salle, on se verra plus tard, et puis sois attentif, tu vas avoir une surprise." Il aimait bien ce genre de situation, avait envie de surprendre ses amis, toujours en leur faisant plaisir évidemment. Et en effet, sur scène il annonce à un moment donné qu'il va chanter *Essayer*, cette chanson écrite par son ami Philippe Labro. Ce soir-là j'étais très fier de ce qu'il venait de dire, et encore plus fier d'être son ami[44]. »

Le 9 décembre 2017, il y avait moins de fierté que de chagrin. Philippe Labro, dans l'église de la Madeleine, s'adressait à une assemblée en deuil. Il fallait bien pour la première fois parler de *lui* comme s'il n'était plus là car, effectivement, il n'était plus là. Les mots de Labro sont

---

44. *Ibid.*

nourris de ses larmes, des images qui reviennent comme autant de souvenirs, d'émotions diverses qui disent à quel point il a aimé l'homme qui repose aujourd'hui dans un cercueil. Il évoque l'enfance tronquée, les chutes et les rebonds, les excès et les extravagances, il parle de l'homme qu'il a été, resté le même et cite Nietzsche : « L'homme, cette corde tendue au-dessus d'un abîme. »

« [...] Comme si la gloire ne l'avait pas fait vaciller. La gloire – voilà l'un des mots-clés de l'énigme Hallyday. Il l'a connue très tôt, elle aurait pu le détruire. Car il y a la bonne et la mauvaise gloire. Il peut exister un poison de la gloire, elle peut vous entraîner dans les pires comportements, elle peut enfermer un être, le couper des autres, lui ôter toute notion du réel, toute clairvoyance. [...] Johnny l'a suffisamment dit et raconté : sa peur de la nuit, sa crainte de la solitude, l'empreinte majeure – jamais effacée – de l'abandon paternel dont il fut la victime – lui ont souvent fait frôler le désastre, l'autodestruction. Or, et c'est là qu'il est, entre autres raisons, digne de respect et admiration, il a résisté aux dangers de cette gloire dévoyée. Et, ce faisant, il s'est fabriqué. Il s'est construit[45]. »

Après avoir parcouru les plus belles facettes de la vie de Johnny, son sens de l'amitié, son travail de création, la générosité et le respect des autres, son intelligence, cette forme de grâce qui semblait le toucher, Philippe Labro, pour conclure, aborde le temps du dernier combat : « [...] La grâce, enfin, dans sa confrontation à la douleur, la souffrance. Le refus de la mort, une résistance d'acier, un combat dont, jusqu'au dernier jour, il voudra croire qu'il le gagnerait. Un courage inouï venu d'un corps, qui, même diminué, avait été le corps d'un colosse.

45. *In J'irais nager dans plus de rivières*, Philippe Labro, Gallimard, 2020, chapitre 9. Avec l'aimable autorisation de Philippe Labro.

Ainsi donc, la grâce aura été l'aboutissement de sa gloire.

La gloire et la grâce, tel est le titre du roman de sa vie[46]. »

Ce jour-là, l'amitié avait tout dit.

46. *Ibid.*

LAETICIA

C'est une femme coupée en morceaux. Rien d'inquiétant, ce sont simplement des morceaux de vie qui ne se rejoignent pas toujours et qui, à la fin, composent un personnage difficile à décoder.

En 1995, lorsqu'elle rencontre Johnny, à Miami, Laeticia est accompagnée de son père et porte un fardeau de tristesse, d'angoisses multiples. Ses parents sont divorcés, elle a souffert de leur séparation, continué de souffrir d'à peu près tout, au point de chercher à se punir. À force, ses années de déprime et d'anxiété l'ont plongée dans l'anorexie. Elle est jolie, touchante, séduisante et en même temps elle fait de la peine. Cette maigreur, ce regard qui semble toujours avoir vu l'enfer.

Avec Johnny, c'est l'amour au premier regard. Ils passent une première nuit à bavarder jusqu'au matin, échangeant, cherchant à se connaître, unis par la même idée fixe : ils ont trouvé l'être avec lequel ils veulent passer le reste de leur vie. La première chose qu'elle ait aimée chez lui, ce sont ses mains. Elles l'ont fascinée dès le début. Son sourire, sa voix, son regard bleu désespoir ? Elle connaissait déjà. Mais ses mains...

Johnny n'est pas non plus dans une grande forme à ce moment de sa vie. Il a cinquante-deux ans, le cœur cabossé pour plein de raisons qui ne tiennent pas seulement à des amours mal embringuées. De toute façon, du plus loin qu'il regarde, il a toujours eu le cœur en deuil et s'est persuadé que ça ne changerait jamais.

Ça va changer. Laeticia est apaisante, sereine, animée par une gentillesse de tous les moments qui séduit et rassure. C'est le deuxième morceau de son existence, celui qui lui fait tout accepter de la vie avec Johnny, et on sait à quel point cette vie peut paraître parfois inacceptable. Cette jeune fille de vingt ans se retrouve dans un milieu d'hommes, quinquagénaires, plus ou moins rockeurs, plus ou moins motards, plus ou moins alcooliques, il faut bien le dire, et elle s'y fait sa place. Sans verser jamais dans l'un ou l'autre des excès. Quand la mesure est dépassée, elle fait le dos rond, ne s'énerve jamais, elle sait jouer les geishas quand c'est nécessaire et surtout, par son sourire et quelques minauderies, elle sait apaiser son homme. Elle a vingt ans, mais semble avoir tout compris de la vie à deux quand on est plutôt cinq ou six.

En 1996, ils se marient et s'installent dans une existence voulue par Laeticia mais qui convient, étrangement, à Johnny. Une vie pépère, sans envies particulières, avec une recherche de tranquillité, de calme. Une vie qui repose. Leur entente est extraordinaire. Personne ne devinerait qu'ils ont plus de trente ans d'écart. Ils s'entendent parfaitement, et partagent un certain nombre de sujets de discussion favoris, le principal étant celui de la gastronomie. Qu'est-ce qu'on va manger ce soir ? Où va-t-on aller dîner ? Ils peuvent parler pendant des heures de nourriture, et même à table. D'ailleurs, Laeticia va suivre plusieurs stages de cuisine, dont un chez Marc Veyrat. Autre point commun : regarder la télévision. Des films, car Johnny aime faire découvrir à sa femme les chefs-d'œuvre qui l'accompagnent depuis longtemps, mais aussi des émissions toutes bêtes. Parfois le matin, dans leur lit, ils regardent des émissions de téléachat et éventuellement foncent sur leur téléphone ou l'ordinateur pour faire l'acquisition d'un mixer ou d'un aspirateur. Ça ne fait pas très rockeur.

Troisième morceau, quand Laeticia, parfaitement installée, commence à se muer en maîtresse de maison de plus en plus impitoyable. Maîtresse de vie, devrait-on dire. Autour d'eux, ça va commencer à valser. Jacqueline Benoit, la fidèle cuisinière de Johnny depuis huit ans, est mise à la porte. Laeticia pense qu'elle est tout à fait capable de faire la cuisine elle-même et même mieux que Jacqueline Benoit. Dans l'entourage professionnel du chanteur, ça déménage aussi. Tony Frank, le photographe culte quitte la scène, et aussi Alan, le garde du corps. Laeticia a pris les choses en main, maintenant c'est elle qui dirige la maison et aussi la vie de son mari. Son père a pris plus d'importance, il intervient aussi dans les affaires professionnelles de Johnny, la grand-mère de Laeticia est amenée à vivre avec eux. C'est tout un monde qui change sous l'impulsion d'une jeune femme, toujours aussi souriante, mais dont on commence à se demander si elle est plutôt magicienne ou plutôt sorcière.

Quatrième morceau, quand Johnny tombe malade. Elle s'en occupe merveilleusement, ne ménage jamais ses efforts pour le soutenir, l'aider, le protéger et lui donner autant d'amour qu'il en mérite. Mais à côté de ça, on peut commencer à sentir la distance envers les grands enfants de Johnny, David et Laura. Ils ont de moins en moins accès à leur père. On découvre que les problèmes existent depuis longtemps, que Johnny était obligé de se cacher pour rencontrer sa fille, de s'inventer des rendez-vous pour pouvoir passer une heure avec elle en secret. De dissimuler qu'il payait tous les mois des traites pour un appartement qu'il avait offert à Laura. On ne comprend plus très bien.

Plus la maladie fait son chemin, et plus la froideur des relations devient évidente. D'autres proches sont écartés. Il devient assez clair que les seules personnes qui continuent de partager les heures douloureuses de Johnny sont des proches de Laeticia. Dans les jours qui précèdent la mort du chanteur, le 5 décembre 2017, ni David ni Laura ne peuvent entrer dans la maison de leur père. L'entrée leur en est refusée. Ils ne pourront jamais lui dire adieu. Sylvie Vartan se faufile incognito à la clinique Bizet où Johnny est soigné parfois : elle aperçoit quelques minutes son ex-mari avec le sentiment de minutes volées. À qui[47] ?

Cinquième morceau, la mort de Johnny, ses obsèques, organisées de main de maître mais qui n'empêchent pas de distinguer deux clans, deux camps, deux familles, presque opposées. On essaie de faire bonne figure parce que des millions de personnes assistent aux funérailles, mais les gestes et les regards ne trompent pas et ce ne sont pas les embrassades froides qui pourraient démentir ce que tout le monde ressent.

Quelques jours plus tard, le scandale éclate aux yeux du monde. Révélé par une lettre bouleversante de Laura[48]. David et sa sœur vont attaquer ce testament de Johnny Hallyday, leur père, pour la bonne raison que rédigé aux États-Unis, il implique que tous les biens et toute la fortune de Johnny Hallyday reviennent à son épouse, Laeticia, et que les quatre enfants sont donc déshérités. C'est insupportable. S'engage alors une bataille insoutenable qui fait frémir les Français et désole les millions de fans.

Sixième morceau. Les années ont passé, en 2023 l'affaire du testament a été réglée, David et Laura ne sont toujours pas réconciliés avec Laeticia qui affiche un nouveau personnage. Après la belle-mère tueuse qui ne voulait rien laisser, même pas des miettes à ses beaux-enfants, et a fini par céder sur plusieurs points, voici Laeticia

47. Voir entrée « Vartan (Sylvie) ».

48. Voir entrée « Laura ».

dans le rôle qu'elle affectionne et n'avait plus tenu depuis longtemps : la gentille belle-mère apaisante, souriante, réconciliatrice. Elle apparaît à la télévision au mois de décembre 2023 pour assurer la promotion de l'exposition qui commence en cette fin d'année à Paris, au Palais des Sports. Elle parle de ses efforts pour réparer les quelques désastres que lui a laissés Johnny en héritage (*sic*), et pour une fois de plus tendre la main à David et Laura qui ne lui parlent toujours pas, refusent toutes les invitations et ne font aucun signe de vouloir la paix. Elle apparaît comme une belle-mère généreuse mais on ne peut s'empêcher de penser que quelques jours plus tôt, ses deux filles Jade et Joy ont aussi fait leur campagne de promotion, mais d'une autre manière. En s'attaquant durement à David et à Laura, en tenant sur eux des propos calamiteux. Nous serions étonnés que toute cette démonstration d'hostilité ait été inventée en tout point par ces deux ados.

Laeticia, une femme en morceaux. De l'épouse angélique à la marâtre impitoyable et, pour finir, à la veuve sans remords.

LAURA

C'était une promesse. Amour, gloire et beauté, comme on disait dans ces années-là. En 1983, Laura vient au monde. Quand on est la fille de Johnny Hallyday et de Nathalie Baye, on a déjà pris de l'avance. Sur les autres, sur la chance et peut-être sur le bonheur. Elle portera toujours le nom de son père, Smet, elle est même la seule de la famille. C'est tout un symbole.

Ces années sont faites de perfection et d'amour. Papa est toujours star et il se lance sérieusement dans le cinéma. Maman a déjà gagné un César, elle irradie le talent et une joie sereine. Ils ont du temps pour elle.

Le temps, c'est le plus souvent ce qui manque aux enfants de stars. On ne leur en donne pas assez. Surtout quand ils sont très jeunes. Généralement, leurs parents le regretteront plus tard, mais le mal est fait. Là, c'est différent. Johnny est trop heureux de pouvoir enfin vivre des moments qu'il n'a jamais connus enfant, ni même lorsqu'il est devenu père, avec la naissance de David. À l'époque, il n'avait pas le temps, et surtout il n'était pas équipé. Depuis vingt-cinq ans, il n'a cessé de courir, le plus souvent après lui-même. Il n'est pas faux de dire qu'il a oublié de vivre. Désormais, la quarantaine passée, il peut s'intéresser à sa fille, la voir grandir.

C'est Jean-Jacques Goldman, auquel il a demandé de lui composer un album, qui a l'idée d'écrire une chanson sur Laura. L'album s'appellera *Gang*, et la chanson, déclaration d'amour d'un père à sa fille, *Laura*.

Dans un premier temps, Johnny est un peu effrayé à l'idée de mettre sa fille de trois ans en avant. Mais il a confiance en Goldman, auquel il demande quand même de pouvoir intervenir sur le texte. Cela lui est déjà arrivé, y compris sur des chansons moins personnelles. Sur *Laura*, il va imposer deux modifications. « Te regarder pousser me fera vieillir », deviendra : « Te regarder pousser me fera grandir. » Il fait aussi rajouter : « Tu m'inventes un avenir[49]. »

L'album sortira en 1986, le 45 tours au début de l'année 1987. Très vite, il atteint les premières places du Top 50.

Les contes de fées ne sont, hélas, pas faits pour durer. Nathalie et Johnny se séparent. On ne sait qui a provoqué la rupture, ce qui apparaît, c'est qu'elle est douloureuse pour l'une comme pour l'autre. Johnny a essayé du mieux qu'il a pu de se lover dans la vie que lui offrait sa compagne, mais il est incontournable que les démons resurgissent un jour ou l'autre. On n'en dira pas plus. Désolé, il ne peut que constater : « J'aime toujours Nathalie, elle a fait de moi un homme bien, mais je ne peux pas vivre avec une femme, j'ai le cœur déchiré. »

Ils sont deux à avoir le cœur déchiré. Il paraît qu'en cas de rupture il y en a toujours l'un des deux qui se console un peu moins vite. Dans ce cas, ce n'est pas évident.

Il y a aussi cette fillette de trois ans qui ne comprend pas encore que sa belle histoire d'amour est finie. Laura va grandir loin de son père, mais en le voyant régulièrement, prenant plaisir à partager avec lui des moments qui apparaissent toujours comme des privilèges. Elle a la chance d'avoir avec Nathalie une mère totalement protectrice, qui

---

49. *In La Véritable Histoire des chansons de Johnny Hallyday*, de Fabien Lecœuvre, Hugo Image, 2017.

n'oublie jamais de la ramener vers Johnny dès que l'occasion se présente. Nathalie est assez intelligente pour imaginer ce que sont les douleurs d'enfants privés de l'un de leurs parents.

Laura est vive, impertinente, et toujours surprenante dans ses réactions. À vrai dire, elle est un mélange de Johnny et Nathalie, mêlant parfois les traits de caractère de l'un et de l'autre dans sa propre personnalité.

Enfant, elle aime se rapprocher de Johnny, le week-end. C'est un plaisir de retrouver son père et de ne le partager avec personne. Elle a dix ans. C'est l'époque où Johnny vit seul, à son domicile, Jacqueline Benoit la cuisinière veille, armée de toute sa tendresse. C'est elle d'ailleurs, qui va chercher Laura le vendredi soir et la ramène chez sa mère le dimanche. Les deux femmes vont devenir amies et continuent de l'être.

Laura grandit et se heurte parfois à sa mère. Beaucoup d'adolescents font ainsi, se rebellant, d'une manière plus ou moins vive contre le parent qui incarne l'autorité. Et dans ce cas, c'est bien sûr Nathalie.

L'adolescente pourrait prendre plaisir à rejoindre Johnny le week-end, chez lui, comme toujours. Elle y gagnerait aussi une part de liberté qu'elle n'a pas chez sa mère.

Tout s'y prête, d'autant que, dans la vie de Johnny, une sorte de miracle est arrivé. Il a découvert sur le visage de sa fille, maintenant qu'elle est en pleine adolescence, une ressemblance sidérante avec le visage de sa propre mère. Ça lui met les larmes aux yeux. Il est évident que Laura est très jolie, comme sa grand-mère. Mais ça ne s'arrête pas là. Cette ressemblance... Johnny n'en revient pas. Elle a pris bien sûr de ses yeux, de ses pommettes, mais quand même, son visage est un double parfait de celui d'Huguette. Ce pourrait être anecdotique, pour Johnny ça ne l'est pas. À travers ces traits si ressemblants, il va pouvoir, sans l'avoir décidé, mélanger des émotions qui finiront par le troubler. Il aime sa fille depuis longtemps, mais il n'a jamais appris à aimer sa propre mère. Et voilà qu'aujourd'hui cette fille chérie lui rappelle étrangement et même douloureusement cette semi-inconnue. Peu à peu, il va commencer de rattraper le temps perdu, et de dire des mots qui étaient depuis enfouis au fond de lui. C'est juste un début, et ça va lui permettre plus tard de nouer enfin avec Huguette un début de relation.

Laura n'en est pas à se poser ce genre de questions. Tout le monde peut imaginer quel regard elle pose sur son père. Être la fille de l'idole des jeunes (et des moins jeunes, désormais) quand on a quinze ans, ce n'est quand même pas banal. Elle est sereine, pense que, finalement, même si ses parents sont séparés, elle a la chance d'hériter du meilleur de l'un comme de l'autre.

Pourtant, sa vie a changé depuis quelques années. Quand Laeticia est arrivée, tout s'est bien passé. Ça n'a pas duré. Il est arrivé ensuite à la fille chérie de Johnny ce qui est arrivé à quelques proches, éloignés sans ménagement. Avec Laura, c'est plus délicat mais tout est fait pour qu'elle se retrouve en porte-à-faux. Elle ne se sent pas forcément aimée ni désirée dans ce foyer. Son père a l'air gêné, n'intervient pas beaucoup quand le ton monte entre les deux jeunes femmes. La coupure s'annonce, et il est même heureux qu'elle intervienne à un moment où les relations prennent un tour violent. Avec une touche de désespoir, Laura décide de s'éloigner de son père. La vie auprès de lui est hélas devenue impossible.

Elle entre dans une autre existence, va partir à la dérive, ivre d'abandon et de désespoir. C'est une Smet jusque dans ses souffrances. Puis elle renaît, s'acharne à vivre à nouveau. Elle va franchir les obstacles, devenir une comédienne talentueuse, mais continue de porter une plaie ouverte. L'absence et le silence. Laura vit à distance de ce père qu'elle adore, et c'est un vide insensé. Quand il veut la voir, toujours en secret, il s'invente des rendez-vous, chez le dentiste ou chez un médecin. Quand il veut l'aider à payer les traites de l'appartement qu'il lui a offert, il fait des chèques en cachette, lui propose des rendez-vous secrets. Ce n'est certes pas à l'honneur de Johnny, mais sa faiblesse est connue : les conflits le rendent malade. Il n'empêche, il tient à sa fille, souffre d'être séparé d'elle, de ne plus la voir que par intermittence. Mais il l'aime, et surtout quand il la regarde, il revoit sans doute son enfance, cet amour qu'il n'a pas pu donner, qu'il pourrait donner aujourd'hui et dont il est un peu privé à nouveau, comme s'il était victime d'un étrange maléfice.

Et puis Johnny tombe malade, l'angoisse s'empare de tous ceux qu'il aime, y compris ses enfants, et même s'ils sont très éloignés de lui. Entre Saint-Barthélemy et Los Angeles, il n'est plus beaucoup dans les parages. Il se soigne, tente de survivre, et tout le monde sait qu'il finira par perdre ce dernier combat. Comme un geste d'amour fou, Nathalie Baye et sa fille s'envolent un jour à Los Angeles où il est hospitalisé. Elles sont tenues éloignées des moments les plus cruciaux de la vie de Johnny, mais même à distance, elles ne peuvent pas se résoudre à l'abandonner.

Dans les derniers jours en France, ni David ni Laura ne pourront accéder à la maison de Marnes-la-Coquette. Pas d'adieu à leur père. C'est cruel. David se positionne en chef de famille et c'est lui qui apprendra à sa sœur la mort de Johnny, continuant de l'aimer et de la protéger du mieux qu'il le peut.

Dans cet immense brouhaha que furent les obsèques, avec cette foule incroyable, ces officiels, ces larmes et ces discours, ces sourires de circonstance, ces étreintes quelque peu contraintes, on aurait pu oublier que la douleur, au-delà du chagrin, couvait et qu'elle ne serait pas contenue beaucoup plus longtemps. En effet.

La lettre a été publiée par les médias le 12 février 2018 à douze heures quarante-cinq. Elle est tapée à l'ordinateur et signée de la main de Laura Smet. La fille de Johnny. Un peu plus de deux mois après la mort de celui-ci, elle écrit cette lettre à son père, un appel désespéré.

Cher papa, Voilà plus deux mois que tu es parti, tu me manques tellement, et en même temps je ne t'ai jamais senti aussi proche de moi. J'ai appris, il y a quelques jours, que tu aurais rédigé un testament nous déshéritant totalement David et moi. Il y a encore quelques semaines, tu me disais à table : "Alors, quand est-ce que vous faites un enfant ?" Mais que vais-je pouvoir lui transmettre de toi, toi que j'admire tant ? Toutes les nuits, tu viens me voir dans mon rêve, je te vois : tu es beau, sans aucun tatouage, tu es enfin libre et tu cours dans la brume l'air totalement perdu et apeuré. Tant de questions sans réponses. Toutes ces fois où l'on a dû se cacher pour se voir et s'appeler ! Il m'est encore insupportable de ne pas avoir pu te dire au revoir, papa, le sais-tu au moins ? Je t'entends, papa, et moi j'ai choisi de me battre. J'aurais préféré que tout cela reste en famille, malheureusement, dans notre famille c'est comme ça... Je suis si fière d'être ta fille. Je t'aime papa.

Laura

Il y a quelque chose de cruel dans ces lignes : celui auquel elles sont adressées sera le seul à ne jamais pouvoir les lire. Cette lettre n'a pas déclenché l'affaire du testament de Johnny Hallyday mais elle a mis sur la place publique un trouble, un conflit, mal dissimulé certes, camouflé quand même, qui couvait depuis des années. La bombe à retardement venait d'exploser, faisant ses premières victimes. Ses déflagrations se feront sentir longtemps encore.

LIVRES

Il avait commencé à lire à l'âge où les jeunes gens bien nés ont déjà absorbé tant de chefs-d'œuvre. Ce n'était pas un problème. L'urgence ne lui apparaissait pas de se plonger dans ces petits objets remplis de milliers de mots, et dont il ignorait à quel point ils racontaient la vie. Il avait autre chose à faire que de se poser et prendre le temps de lire. C'est ce qu'il croyait.

Le jeune homme n'en avait pas fini de régler ses comptes avec son passé, un père qui s'était envolé quand il avait huit mois, une mère qui n'avait même pas fait semblant de tenter de l'aimer. En tout cas, ses parents ne lui avaient rien donné de ce qui fait la force d'un enfant et de son futur, et certainement pas l'attrait des livres.

Étrangement, il y est arrivé par l'intermédiaire du cinéma et de sa passion pour Elia Kazan. Très tôt, il avait vu et revu les films de Kazan. Il s'est pris de passion pour ses héros, interprétés par James Dean ou Marlon Brando, des acteurs qu'il rêvait d'être alors. Puis il s'est aperçu que Kazan avait écrit des livres qui étaient souvent les doubles littéraires de ses films : *L'Arrangement*, *America America*. Alors, parce qu'il l'aimait plus que tout, il a lu ses livres. C'est une première révolution qui s'est produite, il aimait cela, ces mots qui s'entassaient sur les pages et qui apportaient autant d'images, de couleurs, et remplaçaient aisément le cinéma parce qu'ils vous mettaient en scène en permanence. Plutôt que de subir la vision d'un réalisateur, vous deveniez le propre maître d'œuvre de cette histoire, accordant aux personnages comme aux paysages les images qui vous passaient par la tête. Tout était différent. Et c'était une vraie révélation.

Il a continué de lire, absorbant toutes les œuvres de Tennessee Williams, son théâtre bien sûr, *Un tramway nommé Désir*, *La Chatte sur un toit brûlant*, et faisant aussi la comparaison avec ce qu'il pouvait voir sur l'écran et sur les planches. C'était un enchantement.

Ça ne se savait pas, ce goût nouveau pour les livres, pour la lecture, qui ne devait jamais le quitter. Ça ne se savait pas car il n'en parlait pas, comme s'il ne voulait surtout pas attirer l'attention sur lui. On le prenait depuis si longtemps pour un imbécile inculte, il n'allait quand même pas faire son coming-out. D'ailleurs, pour être plus juste, à qui aurait-il pu en parler ? Gill Paquet, son ami intime, était un bon interlocuteur, mais assez esseulé.

On s'amusait à le voir fréquenter des écrivains comme François-Marie Banier, qui deviendraient plus tard photographe, et qui l'avait un jour promené sur son Solex au cours d'une traversée de Paris pleine de charme. Il y avait aussi Françoise Sagan. Ces deux-là avaient des choses à se dire, même destin, même tragédie de la gloire arrivée trop tôt, même blessure. Était-ce pour lui ou en pensant à elle que Sagan avait dit un jour que l'un des grands avantages de la célébrité, c'est qu'elle vous fatigue de vous ?

Il n'était pas encore arrivé à ce moment de la vie où votre passé vous paraît être une chose arrivée à un autre, gardé derrière une porte fermée.

À une époque, il s'était même emballé pour un polar de David Goodis, *Cassidy's Girl*, il faisait le vœu d'en faire un film. Comme il était trop vieux pour le personnage, il s'était mis en tête de réaliser lui-même.

Diriger un acteur était un rêve de plus. Il y croyait, racontant autour de lui à quel point le roman, génial, était vraiment construit comme un scénario, il n'y avait plus qu'à faire.

Le problème, c'est qu'on ne l'écoutait pas beaucoup lorsqu'il parlait d'écrits, d'écrivains géniaux, on regardait ailleurs en se demandant de quoi il se mêlait. Ce n'était pas dit, mais ça ne signifiait rien d'autre.

Beaucoup de choses avaient changé après qu'il ait tourné *Détective* avec Godard. On lui trouvait une autre allure, on le regardait presque comme quelqu'un de normal. Il avait senti le changement et s'en amusait, n'oubliant pas de régler quelques comptes avec des intellos méprisants qui, après l'avoir ignoré, venaient engager la discussion avec lui. Il trouvait toujours le moyen de leur parler du *Château* de Kafka, ou de *La Peau de chagrin* de Balzac. Avait-il lu ce dernier, se demandaient-ils ? Il se plaisait à leur décrire à quel point ce chef-d'œuvre était aussi un formidable scénario. Vous devriez y penser...

Désormais pris par ses lectures personnelles, il étudiait d'autant plus attentivement les scénarios qu'on lui proposait. Maintenant rodé à l'écrit, à tout ce qu'il peut laisser supposer, il se plongeait dans chaque scénario avec sérieux, notait des idées, des erreurs d'orientation. Ça le passionnait, et à l'époque où il s'est mis à tourner fréquemment, il profitait des longues plages entre deux scènes pour étudier telle ou telle histoire qu'on lui proposait. Devenu lecteur assidu mais tardif, il continuait de s'émerveiller de cette richesse insensée apportée par les mots écrits. Il faisait même des comparaisons avec son métier de chanteur, tellement fugitif, lui semblait-il.

« Je sais que sur telle ou telle chanson, il existe parfois des moments d'intense émotion, quand le public peut avoir les larmes aux yeux, et moi-même je frissonne. C'est juste l'accord, ce soir-là, des mots, de la musique, de la nuit, d'une atmosphère qui ne ressemble pas à une autre. C'est un moment magique, inoubliable. »

Mais une fois qu'il est passé, il ne reviendra plus jamais. C'est comme un regard, qui ne peut pas être reproduit. On peut toujours faire ce qu'on voudra, ce moment ne pourra jamais être reproduit à l'identique. Au contraire, une phrase sublime, puisée dans un livre, qui va provoquer chez vous une émotion intense et inoubliable, existera toujours. À tout moment, vous pouvez la relire ou vous la réciter et elle provoquera toujours la même émotion. C'est cela aussi qu'apportent les livres. C'est cela que Johnny a découvert très vite avec la lecture.

Comme il ne pouvait pas s'empêcher de vivre avec quelques fantômes, il repensait souvent à Ernest Hemingway, le romancier américain dont il avait lu la plupart des nouvelles et le roman, *Paris est une fête*. « On y boit beaucoup, mais il y a autre chose de plus profond, il y a énormément de désespoir dans ces lignes. »

Il était tellement fasciné par Hemingway, sa fin de vie terrible, quand tout vous lâche, et que vous n'avez plus qu'une solution, vous tirer une balle dans la tête, qu'il avait voulu visiter sa maison cubaine, la Finca Vigia. Le désespoir d'Hemingway le hantait, comme s'il calquait sur cette fin de vie sa propre existence faite aussi d'alcool, d'excès, et de chagrins inconsolables.

Est-ce que c'est dur de mourir ? Depuis l'enfance, Ernest Hemingway posait cette question à laquelle il avait apporté une réponse brutale en se faisant exploser la cervelle avec son fusil de chasse. Johnny avait lui aussi ses doutes et ses questions. Et il ne trouvait pas toujours les réponses dans les livres.

MAMAN

C'est une maman fantôme. Il n'a jamais eu l'occasion d'apprendre à l'aimer. Sauf à un moment où il était déjà trop tard. Quelques vagues images surgies des premiers mois de la vie, quand tout est flou, édulcoré, oubliable. Et puis plus rien. Une autre destinée.

Abandonné par son père, il l'était aussi, certes d'une manière moins brutale, par Huguette, la si jolie maman qui aurait pu lui donner son amour et plein d'autres choses si elle en avait eu la force. En partant comme un voleur[50], c'est le mot, Léon Smet avait fait deux victimes. Huguette, prise dans son extrême fragilité mentale, n'avait aucune capacité pour s'occuper seule d'un enfant. À son tour, elle allait partir, petit à petit, comme on se délite. Un jour, il ne resterait plus rien d'elle qu'un souvenir évaporé. Allez donc vous débrouiller avec ça.

« La première fois que j'ai dit "maman", j'avais cinquante ans[51] ». Comment dire une douleur en quelques mots.

Il est long le chemin d'une enfance amputée qui, forcément, commence tôt, trop tôt. Il avait trois ans quand sa nouvelle famille, composée de sa tante Hélène et de ses cousines, s'était installée à Londres, pour deux ans. Plus de nouvelles d'un père qu'il avait sans doute aperçu de manière très fugitive, avant de le voir disparaître à nouveau pour un certain nombre d'années. Et Huguette avait déjà tellement de mal avec elle-même. Jean-Philippe recevait des photos de temps en temps.

---

50. Voir entrée « Papa ».

51. *Dans mes yeux*, Johnny Hallyday et Amanda Sthers. Éditions Plon, 2013.

Elle était si belle, c'en était cruel. Un visage sublime qui ne recélait rien des tourments endurés. Huguette continuait de travailler comme mannequin pour Lanvin et de s'épuiser à force de remords. De temps en temps, Jean-Philippe regardait une de ses photos, il aurait préféré qu'elle le serre dans ses bras. Ça, c'était hors de question.

Bien sûr, il y avait Hélène et ses filles, Menen et Desta, pour lui donner de l'affection. C'était une présence chaleureuse, même si on ne remplace pas ce qui est irremplaçable. Johnny enfant a manqué d'un père et d'une mère et la cruauté a voulu que ces absents soient toujours vivants. Comme si la vie avait voulu doubler sa souffrance. Il n'est jamais agréable de se retrouver orphelin lorsque vos parents sont encore en vie. Le temps, la gloire et l'argent qui s'est mis à couler à flots, auraient pu permettre des rapprochements. Il a bien essayé, avec l'un comme avec l'autre, mais a toujours été déçu. Alors, il a fait semblant le reste de sa vie. C'est ce qui est le plus triste, d'oublier parfois d'être triste. En tout cas faire semblant.

Avec sa mère, rien ne fut simple. Un jour, elle avait recommencé sa vie, conçu d'autres enfants dont elle semblait s'occuper. Elle n'était plus seule. Pas de quoi rompre la glace avec son aîné. Le poids de la culpabilité, sans doute. Peu de mots échangés, peu de sentiments partagés, ils se sont entrevus parfois, parce qu'au hasard de quelque désespérance, Jean-Philippe, devenu adulte, partait à sa recherche, en quête d'amour et d'explications. C'était toujours en vain. Johnny n'arrivait pas à exprimer, et peut-être ne valait-il mieux pas, toutes ses frustrations d'enfant abandonné, de jeune homme solitaire auquel on n'avait pas donné un minimum d'amour. On comprend mieux beaucoup de choses que Johnny, dans ses silences, se forçait à dissimuler : quand on vient d'où il vient, on a toujours quelque chose à cacher.

Même lorsque sa mère viendra s'installer à Feucherolles, à la fin des années 90, Johnny n'arrivera pas à échanger avec elle. Il tente d'être gentil, la couve parfois d'un regard, mais c'est tout. Les mots n'arrivent pas à s'échapper. À l'époque, la grand-mère de Laeticia est là aussi, la maison vit au rythme de ces deux femmes âgées et en mauvaise santé. Lorsque la grand-mère de Laeticia finira par mourir, la mère de Johnny partira et finira sa vie chez un de ses fils, demi-frère de Johnny.

On pourrait croire que jamais l'armure n'a été fendue, que le petit garçon qui avait tant souffert de n'obtenir jamais un mot d'amour de la femme qui lui avait donné la vie, n'ouvrirait jamais son cœur. Pourtant, il y eut cette scène hallucinante dont le photographe Daniel Angeli avait été le témoin :

« C'était en 2001 au Stade de France, Johnny venait de sortir de scène et regagnait sa loge, il était transpirant, encore envoûté par toute la pression du spectacle. Moi, j'étais dans le couloir pour le photographier. De l'autre côté est arrivée dans un fauteuil roulant poussé par un assistant, la mère de Johnny qui venait à sa rencontre. Alors, j'ai vécu cette scène extraordinaire que je n'ai jamais oubliée : Johnny s'est avancé vers sa mère et, arrivé à deux ou trois mètres d'elle, s'est mis à hurler “Maman, ce soir, j'ai chanté pour toi !” C'est la seule fois de ma vie où je l'ai vu exprimer tout cet amour qu'il possédait et semblait enfermé pour toujours. »

Il avait cinquante-huit ans, l'âge où un enfant peut laisser éclater tout un amour inassouvi. Ce qu'il n'avait jamais pu exprimer au gré des rencontres, des petites intrusions dans l'autre vie d'Huguette, devant ses fils nés d'un autre mariage, de ces rencontres furtives dont il ne restait que des photos menteuses, qui racontaient une histoire qui finalement n'avait jamais eu lieu.

La vérité venait enfin d'éclater : « Maman, ce soir, j'ai chanté pour toi. »

Si Johnny eut quelque consolation de cet amour manqué, ce fut sans doute avec le visage de Laura, sa fille, elle était déjà un portrait parfait d'Huguette, sa grand-mère. Aussi jolie, aussi fascinante. Une beauté qui vous envoûte et que rien ne semble pouvoir entamer.

Quand Laura était jeune, Johnny pouvait retrouver dans son regard et dans les traits de son visage ce qu'avait été cette mère qu'il n'avait alors pas connue. Son amour pour sa fille, c'était aussi une façon de réparer le passé.

MITCHELL (EDDY)

On aurait pu les prendre pour des copains. Loin de là, ils étaient amis. Nous n'en savions pas assez sur eux mais leur lien remontait à la sortie de l'enfance. C'était comme un secret sauf qu'ils ne cachaient rien.

Ils se taisaient. Il est des moments où la pudeur se pose comme un voile sur la vérité des sentiments. Johnny et Eddy, c'était une amitié forte, tenace, indestructible. Simplement, ils ne l'affichaient pas. On les voyait souvent ensemble, ou parfois moins souvent, leur mode de communication, c'était le rire par-delà le rock, la chanson, un certain art de vivre.

L'un comme l'autre taisait l'admiration réciproque. Comme s'ils avaient peur que les mots les fassent rougir. Il fallait parfois une interview pour que Johnny aille plus loin. Par exemple, quand on lui parlait du rock and roll, dont il disait que c'était une véritable révolution dans la musique populaire, mais aussi dans les mœurs et dans les styles de vie, il ajoutait, comme s'il avait peur qu'on oublie sa présence et son importance dans cette révolution, qu'il y avait aussi Eddy Mitchell. C'était, ajoutait-il, un des pionniers du rock and roll en France, et comme lui, après cinquante ans de carrière, Eddy était toujours là.

Ce qui attendrissait Johnny par-dessus tout lorsqu'il parlait de son copain, c'est que celui-ci avait suivi parfois quelques chemins de traverse, réalisant peut-être au cinéma le rêve jamais abouti de Johnny. Comme acteur, mais pas seulement. Délaissant les scènes de concerts, Eddy avait réussi pendant un long moment de sa vie à s'immerger dans un monde à part entouré d'écrans de cinéma sur lesquels on ne projetterait que des vieux films, westerns en noir et blanc, puis en couleur.

Sa passion était assez proche de celle de Johnny, amateur de salles de cinéma privées et de films que l'on projette parfois au milieu de la nuit, en petit comité et même au cœur de sa solitude. Pour lui c'était un loisir, alors que pour Eddy c'était devenu à un moment donné une affaire professionnelle. Personne n'a oublié « La Dernière Séance », cette émission devenue culte, au cours de laquelle Eddy Mitchell nous projetait deux westerns dans la même soirée, avec des commentaires mi-humoristiques et mi-cinéphiliques. L'art de toucher à tout avec un immense talent.

Parce qu'ils s'aimaient trop, comme des frères, leur relation n'aurait jamais pu être gâchée par quelques ombres disgracieuses. Pourtant, il était un domaine où Eddy avait sans doute fait mieux que Johnny, en composant pour le cinéma des personnages troublants, plein de vie, voire de noirceur, parfois drôles, souvent émouvants. Toute la palette d'un acteur d'immense qualité, et qui avait l'art, lui, de faire oublier sur les écrans de cinéma qu'il était dans la vie Eddy Mitchell.

Leur amitié sans faille bénéficiait d'un pedigree inégalable. C'était une très vieille histoire. Ils n'en parlaient pas trop mais s'il y avait eu une date de péremption sur leur relation, elle était expirée depuis longtemps. C'était presque comme un secret tacite, Eddy et Johnny se connaissaient depuis l'enfance, ils étaient devenus amis très tôt, bien avant que ne leur vienne l'idée de commencer à chanter. Ils avaient six mois d'écart. Ça n'est pas si minime quand l'un a quatorze ans et demi et l'autre quinze ans. Quand ils repensaient à cette époque, Johnny disait que pour lui, Eddy était alors un grand, six mois de plus ça compte, quand même.

Ils habitaient le même quartier, fréquentaient parfois les mêmes lieux, se croisaient à l'occasion en boum. Ils ne connaissaient pas grand-chose l'un de l'autre à l'époque, sinon ils auraient su qu'ils étaient tous les deux fans de rock. Ils ont fini par l'apprendre dans d'étranges conditions, à la sortie d'une boum. Cet après-midi-là, Eddy s'était rué sur Johnny poings en avant, l'un accusant l'autre de lui avoir piqué des vinyles. Une première bagarre, bien musclée, de celles qui forgent les plus grandes amitiés dans les westerns américains qu'ils adoraient l'un et l'autre.

Chacun ayant soigné ses coquards, Johnny avait choisi d'inviter Eddy chez lui pour fumer le calumet de la paix, avec l'envie de lui montrer ses disques culte, ceux que la famille de Lee Halliday envoyait depuis les États-Unis. Un véritable trésor qu'il était heureux de partager avec quelqu'un qui pensait comme lui, vibrait comme lui et ressentait les mêmes émotions. Peut-être aussi une manière de lui prouver qu'il n'avait pas vraiment besoin de voler des disques alors qu'il possédait ces trésors. Avec Johnny, allez donc savoir.

Chaque disque était en effet introuvable en France. Quelques merveilles de Buddy Holly ou d'Elvis Presley. Le début de leur amitié, c'est ça : écouter ensemble, se régaler ensemble, rêver ensemble à une autre vie.

Ils s'enfermaient dans la chambre de Johnny et écoutaient pendant des heures ces musiques qui les envoyaient ailleurs, sous le regard de Brigitte Bardot, d'Elvis Presley ou de Kim Novak, dont les posters ornaient les murs peints en vert et jaune. Ils commençaient à fredonner les chansons, et se marraient quand la tante de Johnny hurlait : « Jean-Philippe, ne lui fais pas écouter tes disques, il va vouloir devenir chanteur et te piquer ton travail ! » Comme ça, tout le monde était prévenu : la chose était entendue avant même que Jean-Philippe y ait réellement pensé.

À l'époque, Johnny Hallyday s'appelait Jean-Philippe Smet et Eddy Mitchell se nommait Claude Moine. Ça ne les empêchait pas de rêver aux étoiles. C'était il y a tellement longtemps. Un temps où Johnny rêvait surtout d'être acteur et se contentait d'aimer passionnément le bon rock and roll. Un temps où les deux ados, déjà, ne s'épiaient pas comme des rivaux, ne se comparaient pas, étaient heureux de partager quelque chose qu'ils aimaient. Ça n'allait pas plus loin. Et ça n'a jamais changé. Ce qu'ils ont fait, jusqu'au bout, de leur vie commune, est leur plus grande réussite.

Dans les dernières années de la vie de Johnny, ils ont tourné ensemble dans *Salaud, on t'aime*, film de Claude Lelouch, et dans les derniers mois, ils étaient sur scène, ensemble, avec Jacques Dutronc, grâce à la tournée des Vieilles Canailles. Leur chant du cygne.

C'est encore une affaire de pudeur : Eddy a refusé ensuite d'exprimer ce qu'il avait ressenti ces soirs de concert, quand Johnny, perclus de souffrance, tenait son rôle de maestro et que se lisait dans son regard l'infini désespoir de celui qui a peur de ne pas tenir jusqu'au bout.

Mais ces deux amis éternels n'avaient besoin que de peu de mots, choisis, pour dire ce qui les liait.

« Quand je regarde les yeux d'Eddy, ce que je vois, c'est ce que j'ai été, plus que ce que je suis devenu. Et je sais que c'est ce type-là qu'il a aimé au début, et ça me rassure. » L'amitié et la grâce.

NATION

C'est un moment unique, l'instant où tout bascule, une sorte de révolution dont certains ont pu dire quelques années plus tard qu'elle annonçait Mai 68. Sans rire.

Le 21 juin 1963, Johnny, vingt ans depuis quelques jours, quitte la Camargue où il tourne avec Sylvie le film *D'où viens-tu Johnny ?*, une sorte de fable copiée-collée des navets cinématographiques d'Elvis Presley, dont le seul intérêt est d'entendre régulièrement l'acteur interpréter ses chansons. Là aussi, Johnny chante et son ami Jean-Jacques Debout a composé la chanson du film, *Pour moi la vie va commencer*. Tout un programme. Là encore, on remarque à quel point les paroliers se sont toujours efforcés d'écrire et de composer en fonction de la vie de Johnny. Peu de chansons ne racontent pas, d'une certaine façon, une partie de son histoire. *Pour moi la vie va commencer* ne déroge pas à la règle. Et ce n'est pas étonnant si elle va devenir une chanson culte que Johnny chantera longtemps, sans doute jusqu'à ce qu'il ne soit plus au commencement de sa vie. Ce qui devait arriver inévitablement.

Pour le moment, sa vie commence furieusement et tout laisse présager qu'elle sera pétaradante. Le texte de la chanson n'a rien d'extraordinaire, la musique est belle, et l'on retient surtout des paroles cette petite phrase qui n'a l'air de rien : « Et mon passé sort de l'oubli. »

C'est vers son avenir que se dirige Johnny, le 21 juin, toujours accompagné de Sylvie, lorsqu'en plein tournage, il quitte la Camargue et s'envole pour Paris dans un avion spécialement affrété par Europe 1 afin de fêter, place de la Nation, le premier anniversaire de la revue *Salut les copains* (SLC), de Daniel Filipacchi et Frank Ténot.

Filipacchi et Ténot, de jeunes entrepreneurs de presse, rendus célèbres par leur émission sur Europe 1, et qui vont dans les années suivantes conquérir et dévorer le monde de la presse. Daniel Filipacchi, grand patron, rachètera *Paris Match*, en pleine déconfiture, pour en faire le fleuron de la presse hebdomadaire française. « Le poids des mots, le choc des photos. » Il rachètera aussi *Elle*, *Télé 7 jours*, *Lui*... En quelques années flamboyantes, le groupe Filipacchi deviendra le deuxième plus grand groupe de presse magazine au monde.

Daniel Filipacchi et Frank Ténot ont donc décidé de fêter leur premier anniversaire place de la Nation, et toutes les nouvelles idoles de la chanson française sont conviées : Eddy Mitchell, Dick Rivers, Richard Anthony, Les Pirates, Les Chats sauvages... Ils rêvaient d'un événement inoubliable, ils vont créer un séisme. Là où ils attendaient peut-être trente mille fans, cent cinquante mille jeunes se pressent devant un gigantesque podium dressé avenue du Trône. Des gamins de tous les quartiers de Paris, de la banlieue, de la province même, venus en métro et en autobus, en cyclomoteur et en vieilles bagnoles à bout de souffle. Filles ou garçons, ils se tassent les uns contre les autres pour ce premier grand concert gratuit. Balcons et fenêtres, toits d'immeubles et de camions sont pris d'assaut, et même les arbres alentour. Les plus intrépides s'accrochent par groupes, par grappes, aux lampadaires de la place. Le service d'ordre, bonhomme, est dépassé, le podium encerclé de tous côtés. Les organisateurs ont donné aux vedettes rendez-vous au commissariat de police le plus proche. Dès leur arrivée, un fourgon de police les embarque pour les déposer le plus près possible du plateau. C'est quand même risqué. Les filles sautent les barrières, escaladent le podium pour danser autour de leurs idoles.

Dans cette folie qui consacre tout le monde, un ange survole, et son apparition crée une hystérie incomparable. On pense à Rilke : « Tout ange est terrifiant. » Celui-ci est blond, les yeux bleus. On croirait qu'il vient d'ailleurs. Ce n'est pas tout à fait faux. Quand il chante *Dans la vallée de l'Oklahoma*, des filles pleurent, des garçons arrachent leur chemise pour faire comme lui, certains s'évanouissent lorsqu'il tombe sur la scène en hurlant : « Mais attention un jour tu finiras dans la poussière et les bras en croix. »

C'est un spectacle inoubliable, le déchaînement inattendu d'une jeunesse corsetée par la rigueur d'un régime trop ferme sans doute, peu porté à s'intéresser aux émois de ses enfants. C'est une étrange sensation : ce jour-là, une révolte vient d'éclater qui n'en finira pas. Ces jeunes gens qui ont pour beaucoup l'âge de Johnny hurlent comme lui leur liberté enfin approchée. Dans leurs regards, on peut lire qu'ils ne reviendront jamais en arrière. Un monde vient de basculer, et loin des cris d'enthousiasme, loin de la foule déchaînée, dans d'autres quartiers, le vieux monde observe et se tait. Les plus lucides ont compris. On ne pourra plus jamais faire comme si ce qu'il s'est passé à la Nation ce jour-là n'avait pas existé.

Manque de lucidité ou simple déni ? Le général de Gaulle, qui n'évite pas le sujet, essaie de le balayer d'un trait d'humour maladroit : « Ces jeunes ont de l'énergie à revendre. Qu'on leur fasse construire des routes. » Au contraire, dans quelques années, ils déterreront des pavés pour les balancer sur les *CRS-SS* et en pleine figure de la société.

Certains, plus inquiets, plus profonds dans leur analyse, comme le sociologue Edgar Morin, réagissent sans condescendance : « Que se passe-t-il derrière ces guitares électriques ? L'apparition d'une "culture jeune", nourrie de sons endiablés qui font frémir les adultes [...]. Les trois millions de seize à vingt ans forment un marché colossal. Transistors, électrophones portables, 45 tours [...]. Le commerce n'est pas tout, pour la première fois se constitue un âge de transition. L'adolescence, complexe, intermédiaire, au contraire des générations précédentes qui vivaient en rupture brutale entre l'enfance et l'état adulte. Les millions de "teenagers" s'érigent en microsociétés avec leurs signes de reconnaissance : blue-jeans, blousons, tee-shirts, coiffures. Leur langage, le "parler-copain". »

François Mauriac, le même grand écrivain qui avait accueilli quelques années plus tôt Françoise Sagan et son premier roman à succès, *Bonjour tristesse*, en la qualifiant de « charmant petit monstre », renchérit dans *Le Figaro*, mais plutôt que de s'en prendre à Johnny Hallyday, que beaucoup ciblent alors à cause de la violence qui a accompagné la soirée de la Nation, Mauriac met des points sur les « i » : « La voici livrée [...] cette jeunesse, à ceux qui, par le film et par le disque, se nourrissent goulûment de sa passion, que leur intérêt est d'attiser, d'exaspérer [...]. Hypocrites, qui vous indignez de ces violences sur la place de la Nation, osez donc nommer la seule coupable, l'idole qui règne sur nous, qui règle le détail de chacune de nos vies : la publicité. »

Johnny Hallyday est loin de tout ça. Dans les semaines qui suivent, il réussit à placer trois chansons (*Da doo ron ron*, *Les Bras en croix*, *Comme une ombre*) aux cinq premières places du hit-parade. Il est celui qui focalise l'amour, l'hystérie et aussi la haine. La haine de tous ceux d'autres générations qui ne comprennent pas et qui surtout prennent peur. Johnny est-il en train de saccager la jeunesse, comme on l'en accuse. Il ne répond pas directement, mais fait répondre par son entourage qu'il n'est pas là pour semer la terreur mais donner de l'espoir. Il raconte l'histoire d'une jeune fille de dix-sept ans qui a eu la chance de l'aborder à la sortie d'un concert et de pouvoir lui dire : « Je ne te connais pas. J'avais envie de me suicider. Ça allait mal. Je suis venue avec mon amie, ça m'a redonné du désir. » Et Johnny de conclure que c'est le plus beau remerciement qu'il ait jamais reçu.

Johnny n'assassine pas la jeunesse, il est cette jeunesse. Avec son charme, ses violences, ses révoltes, ses espoirs et ses failles. Il est entré dans le paysage de la France de manière éclatante, la nuit de la Nation, le 21 juin 1963 et il n'en sortira plus.

NOIR
(C'EST NOIR)

C'est une vie qui a toujours tendu vers le gris, avec quelques fois des nuances plus sombres qui prenaient le dessus. C'était dans son caractère, une manière de ne jamais trouver le bonheur nulle part. On aurait pu parler de morosité s'il n'avait su, la plupart du temps, bien cacher son jeu. Il était acteur aussi, et doué pour faire croire qu'il n'était pas malheureux. Il faisait semblant, souvent. Même lorsqu'il lui arrivait d'éclater de rire, quelque chose dans son regard démentait. Le bleu de ses yeux était d'ailleurs une contradiction de plus.

Il a donc fait sa vie dans ce demi-mensonge, s'attachant à ne jamais être découvert. Mais il y a parfois des moments où trop, c'est trop, et l'année 1966 en est un exemple fameux. Il avait alors vingt-trois ans et menait sa carrière tambour battant depuis si longtemps qu'on ne comptait plus les années. Le succès lui avait sauté à la gorge et ne s'était jamais ralenti jusqu'à ce que, à l'été 1966, la vie donne l'impression de rebattre les cartes.

Quelques petits signaux sans grande importance, semblait-il. Des spectacles qui marchent moins bien, comme les disques, une rupture traumatisante avec Johnny Stark, le fisc qui lui réclame des impôts en retard, et aussi la pression subie à cause de l'arrivée de nouveaux rivaux tels Claude François et Michel Polnareff. Ajoutons à cela les excès d'alcool et d'amphétamine qui minaient son physique et sa santé.

Il n'en pouvait plus. Pour contrebalancer tous ces signaux négatifs, il y avait bien eu le 14 août la naissance de son fils, David, arrivé alors que Johnny était en tournée. C'était une joie mêlée de crainte. Comment allait-il faire, lui, le garçon abandonné par son père et sa mère, pour devenir un jour ne serait-ce qu'un papa présentable ? Il n'y croyait pas. Et la peur le faisait trembler littéralement. L'idée même d'affronter cet enfant, de subir, peut-être, son regard sur lui, c'était terrifiant. Il n'aurait pas la force, c'était certain. Et il ne fallait pas compter sur Sylvie pour lui donner cette force. Après plus d'un an de mariage, le couple allait mal. La jeune femme avait fait tout son possible pour colmater les brèches et insuffler à Johnny tout l'amour et la confiance dont elle était capable. Elle avait accepté bien des trahisons, pleuré pendant d'innombrables nuits blanches à l'attendre, là, elle n'en pouvait plus.

Le 10 septembre 1966, au retour d'un concert, l'avion de Johnny atterrit à Orly et tout de suite, son avocat venu à sa rencontre lui annonce que Sylvie va entamer une procédure de divorce. Dans les heures qui viennent, enfermé dans son appartement de la place Winston Churchill à Neuilly, il tourne en rond, passe de pièce en pièce, revient toujours au salon puis repart faire un tour, réfléchit, fait des plans, essaye de raisonner, et la seule idée qui lui vienne au bout du compte, c'est d'appeler Sylvie. Il sait qu'elle est dans la maison de Loconville, dans l'Oise, à plus d'une heure de Paris, mais, visiblement, elle a décidé de ne pas répondre à ses appels.

Le soir, Johnny doit chanter à la fête de l'Humanité où l'attendent environ cent mille personnes, mais ce n'est plus son souci. Il veut parler à Sylvie, en tête-à-tête, la faire changer d'avis.

Comme dans un film, il rejoint sa voiture au garage et fonce vers Loconville. C'était sans doute écrit, il aurait pu s'épargner le déplacement :

Sylvie ne voulait rien entendre, il n'y eut finalement pas de discussion. Avec ses pauvres arguments, Johnny ne faisait pas le poids.

À son retour à Paris, il trouve dans son salon son entourage professionnel, prêt à la guerre. Il y a là toute la troupe, celle que Sylvie ne supporte plus.

« Il est prisonnier de sa cour, entouré de parasites, de secrétaires, de copains qui se servent de lui comme d'unc plateforme dans leur existence », dit-elle souvent.

Ce n'est quand même pas le cas de ceux qui sont là. Il y a Jean-Pierre Pierre-Bloch, le secrétaire administrateur, Jean Pons, le manager, Gill Paquet, l'attaché de presse, Alain Schwartz, le comptable et Ticky Holgado, l'homme à tout faire. Ils l'attendent, pour le persuader que le plus important désormais, c'est de partir à la fête de l'Humanité qui a déjà commencé.

Mais pour Johnny, ce soir-là, noir c'est noir. Il n'écoute plus rien, ne voit plus ces visages amis qui semblent le supplier. Comme un automate, il va directement dans sa salle de bain et s'y enferme, un quart d'heure se passe, la porte reste fermée. Plus aucun bruit. Des regards s'échangent dans le salon, l'angoisse est communicative. Et puis sans un mot de plus, l'un d'entre eux se jette sur la porte de la salle de bain fermée à clé. Johnny est à terre et il vient d'avaler ce qu'il a pu trouver comme médicaments avant de s'ouvrir les veines. Appelé d'urgence, le médecin commence par lui faire un lavage d'estomac avant de l'expédier en clinique.

Alertée, Sylvie se précipite à Paris. En un instant, tout est oublié. Elle a compris, contrairement à un certain nombre de médias, que cette affaire de suicide raté était très loin d'une opération de promotion. Johnny a voulu mourir, c'est une certitude. À vingt-trois ans.

Elle sait à quel point il a parfois du mal à vivre. Elle avait oublié l'espace de quelques jours à quel point elle pouvait l'aider, le soutenir et, pour finir, le sauver. Désormais elle ne l'oubliera plus. En quelques jours, Johnny a repris des forces et ne cherche même pas à reprocher à Gill Paquet, son attaché de presse, d'avoir communiqué sur un suicide par amour. C'était quand même la meilleure chose à faire, même si ce n'était pas l'entière vérité.

Un peu plus d'un mois plus tard, il fait un retour magnifique à l'Olympia. Et il y chante *Noir c'est noir*, la chanson qui lui collera à la peau jusqu'à la fin de sa vie.

NUIT

La nuit était parfois sa meilleure amie. Le plus souvent, elle était son bourreau. Elle pouvait être les deux, parfois, et ça faisait des dégâts.

La nuit, il aurait aimé que ce ne soit que la lumière, du bruit, des cris, de la musique à fond la caisse, des gens qui vous entourent et vous donnent l'impression d'être moins seul. La nuit, c'était aussi une manière d'échanger avec les uns et les autres, une façon d'être optimiste, de croire que plus rien ne peut nous arriver tant que ne pointera pas le jour. La nuit, c'était encore une fuite et il ne l'a jamais autant aimée que sous la lumière des projecteurs, lorsqu'enfin était venu le moment d'affronter son public.

Enfin ? C'était lui-même qui décidait de son entrée en scène. Tous ceux qui ont pu assister à l'un ou l'autre des concerts de Johnny, dans les années 1970 ou les années 2000, dans l'intimité de l'Olympia, dans la splendeur géante du Parc des Princes ou du Stade de France, tous ont vécu ces moments d'attente qui faisaient monter les fans en pression et qui semblaient ne jamais devoir se terminer. 21 h 00, 21 h 30, 21 h 45, 22 h 00, parfois plus loin encore. C'était irritant et envoûtant à la fois, cet homme seul qui faisait attendre pendant des heures des milliers d'adorateurs. Parce qu'il n'était pas prêt ? Parce qu'il prenait plaisir à les faire attendre ? Parce qu'il avait peur d'entrer en scène ? Tout cela aurait pu être vrai, mais la seule raison, c'est qu'il retardait son entrée le plus longtemps possible pour repousser les limites de la nuit. C'était une forme de superstition et sans doute vaine, car aucune nuit depuis que le monde existe n'a jamais duré plus longtemps que prévu.

Il pouvait aimer la nuit parce que c'était le moment où il pouvait échanger avec un de ses proches ou un inconnu, dire parfois ce qui le hantait, mais le plus souvent laisser parler les autres.

On a pu le voir bien souvent, au milieu d'un vacarme et de silhouettes frénétiques qui ne cessaient de s'agiter, étranger à cette nuit, aux autres, se reposant sur son verre qu'il tenait bien en main comme s'il avait peur qu'il le trahisse comme d'autres, enfermé dans des silences et dans des pensées qu'il garderait pour lui.

Où trouvait-il le temps de dormir et de se reposer ? Nulle part avouait-il au fur et à mesure que les années le dévoraient et que sa santé pliait sous le poids des excès et des outrages. À force, il ne pouvait dormir qu'avec des somnifères, et encore. Il avait tellement peur de ne pas se réveiller.

L'autre côté de la nuit, celui qu'il détestait, c'est quand la peur le rejoignait et qu'il semblait être avalé une fois encore par des cauchemars qui le poursuivaient depuis sa petite enfance. Alors, il craignait la nuit, comme le noir et la mort. À quoi pensait-il quand il chantait – si bien – *Retiens la nuit* ? À ses terreurs enfantines, ses souffrances, les abandons dont il avait été victime.

Dès que la nuit tombait, il était angoissé : « C'est pour ça que depuis toujours je sors toutes les nuits, je n'aime pas danser, on entend dans les boîtes que de la musique nase bombardée par des haut-parleurs, mais c'est le seul moyen de ne pas être seul. »

Tout était dit sur ces peurs anciennes qui ne le quittaient pas et revenaient l'agresser dès que le jour se levait. À l'époque, le nightclubber Alain Pacadis l'avait surnommé le prince noir. Ça lui allait bien.

Chaque nuit et même au sommet de sa gloire, lui revenaient les images de son enfance, de ce petit garçon abandonné par son père, puis par sa mère, qui n'avait jamais connu la douceur d'un coucher au cœur d'un foyer, le baiser d'une maman, la voix grave et rassurante d'un papa. Même au milieu d'une famille qui n'était pas vraiment la sienne, il cherchait à se consoler de ces absences, et se préparait chaque soir à affronter les ombres de l'enfance d'autant plus effrayantes quand personne n'est là pour vous protéger.

Ces nuits de l'enfance ont marqué le reste de sa vie. Elles disent la solitude, le doute, la peur. Et déjà la peur de ne jamais être aimé. Au fond, le plus important ce n'est pas l'amour que l'on vous donne mais celui que vous pensez mériter de recevoir.

Ses peurs d'enfance le rejoignaient le soir tombé. Cela, c'était la nuit qu'il détestait. Il ironisait parfois quand on lui demandait comment il avait dormi. « Très bien, comme un bébé. J'ai dormi une heure et me suis réveillé en nage, j'avais envie de pleurer. Et puis je me suis rendormi avant de me réveiller une heure plus tard. » Il lui a fallu du temps pour décider d'occuper ses nuits blanches à travailler, regarder un film, lire, essayer de tuer le temps. Mais comment peut-on tuer le temps ? Au moins, dans la nuit il n'y a pas de dimanche...

Avant, il repoussait les limites de la nuit jusqu'aux premières lueurs du jour. C'était peut-être encore l'enfer, mais c'était un enfer blanc peuplé de démons qui étaient sans doute moins malicieux. Après, il lui fallait occuper ses enfers et travailler est apparu comme la meilleure des solutions puisque curieusement, c'est dans ces moments-là qu'il était capable de travailler le mieux. Il pouvait apprivoiser la nuit tant qu'il refusait de rentrer. Les clameurs des concerts, l'ivresse des bars, les lumières éteintes des boîtes de nuit, l'odeur du tabac et du whisky mêlés, tout cela l'aidait chaque soir, chaque nuit, à passer le cap. Et quand il se retrouvait dans son lit, même s'il n'était pas seul, l'autre dormait depuis si longtemps qu'il ne pouvait pas lui venir en aide. Mais très souvent, il savait avant d'y entrer que sa chambre était vide. La cruauté de la nuit l'effrayait en ces moments, au point qu'il ait parfois demandé à un compagnon de voyage de venir dormir sur le lit d'à côté histoire de ne pas rester seul.

Quand les nuits devenaient blanches, il s'enfonçait dans la tiédeur d'un canapé pour se perdre dans des films noirs ou des westerns violents. Dans les uns ou les autres, il aimait le parfum de tragédie. La trahison d'une femme, deux frères qui se haïssent, la révolte d'un fils, l'appât du gain qui justifie la violence et le meurtre. C'était toujours un peu le même film avec des personnages différents. Les films d'horreur, qu'il aimait aussi, il ne se les passait que lorsqu'il allait bien. Ce n'était pas si souvent.

Jusqu'au bout, il a tenté d'apprivoiser la nuit, elle s'est trop souvent dérobée.

PAPA

C'est une histoire qui commençait mal et se terminait mal. Chaque fois qu'il s'obligeait à parler de son enfance, de son père, il pouvait donner des détails précis, mais on remarquait qu'il ne donnait jamais la même version. À quelques points près.

Né en juin 1943, en pleine occupation, Jean-Philippe Smet s'est retrouvé seul un jour du mois de décembre dans l'appartement de la rue de Clauzel (IXe arrondissement de Paris). Pendant que la mère de Johnny, mannequin cabine chez Lanvin, était au travail, son père, alcoolique, sans répit, avait vidé l'appartement de tout ce qui pouvait servir de monnaie d'échange. Sans un regard pour l'enfant de six mois, il avait embarqué les tickets de rationnement, pris les meubles, y compris le lit du petit, et filé vendre le tout, y compris le berceau, pour s'acheter à boire. À son retour du travail, Huguette avait retrouvé le bébé à demi-nu posé sur une couverture.

Johnny avait l'habitude de raconter, comme pour abréger le cauchemar, qu'il n'avait plus eu de nouvelles de son père pendant dix-huit ans avant qu'il ne réapparaisse dans des circonstances étranges. Ce n'était pas tout à fait exact. Revenu à Paris, avec l'intention de demander un peu d'argent à sa sœur Hélène, qui avait la faiblesse de lui en prêter en quelques occasions, il avait eu droit à une leçon de morale.

« Comment as-tu pu abandonner ton fils ? » demandait Hélène, son frère ne semblait même pas comprendre la question. Léon Smet était non seulement alcoolique, mais aussi acteur et professeur de théâtre. Il avait tous les atouts pour entourlouper son entourage. Face à sa sœur, il avait fait une fois de plus acte de contrition. Ce qui comptait, c'était d'obtenir un peu d'argent pour aller le dépenser en boisson. Cette fois, Hélène exigeait, elle menaçait de le laisser tomber s'il ne prenait pas la seule décision digne qu'il avait à prendre : reconnaître ce petit qu'il avait déjà abandonné une première fois. On sait aujourd'hui que c'était un cadeau empoisonné pour l'enfant. Toujours est-il que Léon Smet, de gré ou de force, et plutôt de force, avait donc accepté d'épouser la mère de Jean-Philippe, ce qui l'obligeait à devenir son père. On pourrait ajouter que c'est sans doute la seule fois de sa vie que Léon Smet a été le père de Jean-Philippe, et il n'est pas certain qu'il s'en soit aperçu. C'était à la fin de la guerre, et pendant les dix-huit années qui ont suivi, plus jamais Jean-Philippe ne devait entendre parler de ce père fantôme.

Dix-huit ans plus tard, alors que Jean-Philippe était devenu Johnny, et qu'il avait commencé d'effectuer son service militaire en Allemagne, un officier est arrivé un jour en le sommant : « Smet, votre père est là, devant la porte de la caserne. Allez le saluer, c'est un ordre ! »

C'était un choc. Dans sa tête, tout s'embrouillait. Après tout, il n'avait pas de père. Mais l'homme insistait avec une joie mauvaise, comme s'il se réjouissait d'appuyer là où ça fait mal. La façon dont avait aboyé cet officier montrait que non seulement il avait bien eu affaire à son père fantôme mais qu'il connaissait la teneur de leur relation, ou plutôt de leur non-relation.

Hébété, il est allé jusqu'à l'entrée de la caserne, s'est trouvé face à face avec un homme étrange, cheveux longs, un peu débraillé, faisant mine de porter beau, mais de manière trop voyante. Il avait un long manteau et était coiffé d'un borsalino. Pétrifié mais avançant quand même vers lui à petits pas, Johnny continuait de se demander ce qui arrivait. Quel était le but de tout ça ? Puis l'homme s'est mis à le serrer dans ses bras et a sorti de son manteau un ours en peluche. C'était ridicule. Johnny aurait voulu fuir mais il ne pouvait pas. Mécaniquement il a pris la petite peluche, sans comprendre. Et brusquement il a compris. Des photographes venaient de surgir sur la scène et de mitrailler ces « retrouvailles » entre père et fils.

La vérité était toute simple : un grand hebdomadaire populaire avait payé Léon Smet 5 000 francs pour qu'il se prête à cette mise en scène. Le temps de comprendre, Johnny faisait demi-tour, fuyant cette horreur qui venait de s'abattre sur lui. Son père continuait de lui parler, de dire des mots qu'il n'entendait plus, ou qu'il ne comprenait pas. Il aurait voulu être sous terre ou simplement enfermé dans sa chambrée, loin de tout ça, des phrases désordonnées de Léon Smet, du cliquetis des appareils photo qui n'en finissaient pas de fixer pour toujours des images qui valaient très cher mais ne représentaient rien.

Pour des retrouvailles, c'était réussi. La semaine suivante, les photos paraissaient à la une puis étaient reprises et rachetées par d'autres magazines. Une aubaine. Le piège avait fonctionné et Léon Smet, vagabond alcoolique, logé la plupart du temps à l'Armée du salut, pouvait aller boire en quelques soirées l'argent de sa nouvelle trahison.

Il fallait être Johnny, avec sa générosité, pour être capable de pardonner sans rancune, allant même jusqu'à oublier les pires offenses. Ce n'étaient que des fautes d'amour qui le déchiraient, au fond de lui, mais sans créer l'envie ou le besoin de se venger ni de ressasser. La rancœur n'était pas son fort.

Quelque temps après la fin de son service militaire, plutôt que de se préoccuper de fuir ce père indigne, de l'enterrer bien profondément loin de ses souvenirs, il s'est efforcé de le retrouver. Il connaissait sa condition de clochard, son alcoolisme, sa déchéance, mais il voulait croire qu'il y avait encore quelque chose à faire. Surtout, il avait envie d'être aimé, comme nous tous, et plus encore il voulait avoir le sentiment d'être aimé. Même si ça n'était pas vrai. Comme beaucoup d'hommes, il avait juste besoin de croire à des choses qui peut-être n'existent pas.

Johnny a retrouvé son père, ce n'était pas si compliqué, il a essayé de l'approcher, de l'apprivoiser. Il n'avait pas les mots, mais il pensait que sa démarche déjà, sa présence, en quelques occasions pouvaient dire beaucoup. L'autre restait méfiant, lointain, guettant sans cesse le moment où il pourrait tirer parti de la situation. Son fils voulait rester aveugle à ce qui crevait les yeux. Il ne voulait pas y croire, il a alors essayé, comme un enfant qui fabrique un univers factice juste pour avoir moins de chagrin, d'installer son père dans une vie qui ne pourrait jamais être la sienne. Il lui a acheté une garde-robe complète, lui a trouvé un appartement, et lui a dit que, à partir de maintenant, il allait s'occuper de lui. Il pouvait repartir sur de bonnes bases, s'il le voulait, sa vie allait changer et son fils allait l'y aider.

Léon Smet a revendu la garde-robe, essayé de se débarrasser de l'appartement de la manière la plus simple qui soit, en y mettant le feu. À nouveau « libre », il est retourné à l'Armée du salut.

Un jour, Léon Smet est mort. Il était seul, sans compagne, sans amis. C'était un peu la mort de personne. Sauf qu'à son enterrement, sous une pluie persistante comme la Belgique en a le secret, un homme marchait, seul lui aussi, derrière le cercueil. Johnny avait pris à sa charge les obsèques misérables de son père, et il avait voulu l'accompagner jusqu'au bout.

Mille pensées sombres tournaient dans sa tête mais pas un mot, pas un seul, ne pouvait sortir de sa bouche. Entre autres souffrances, Léon Smet lui avait laissé le silence en héritage.

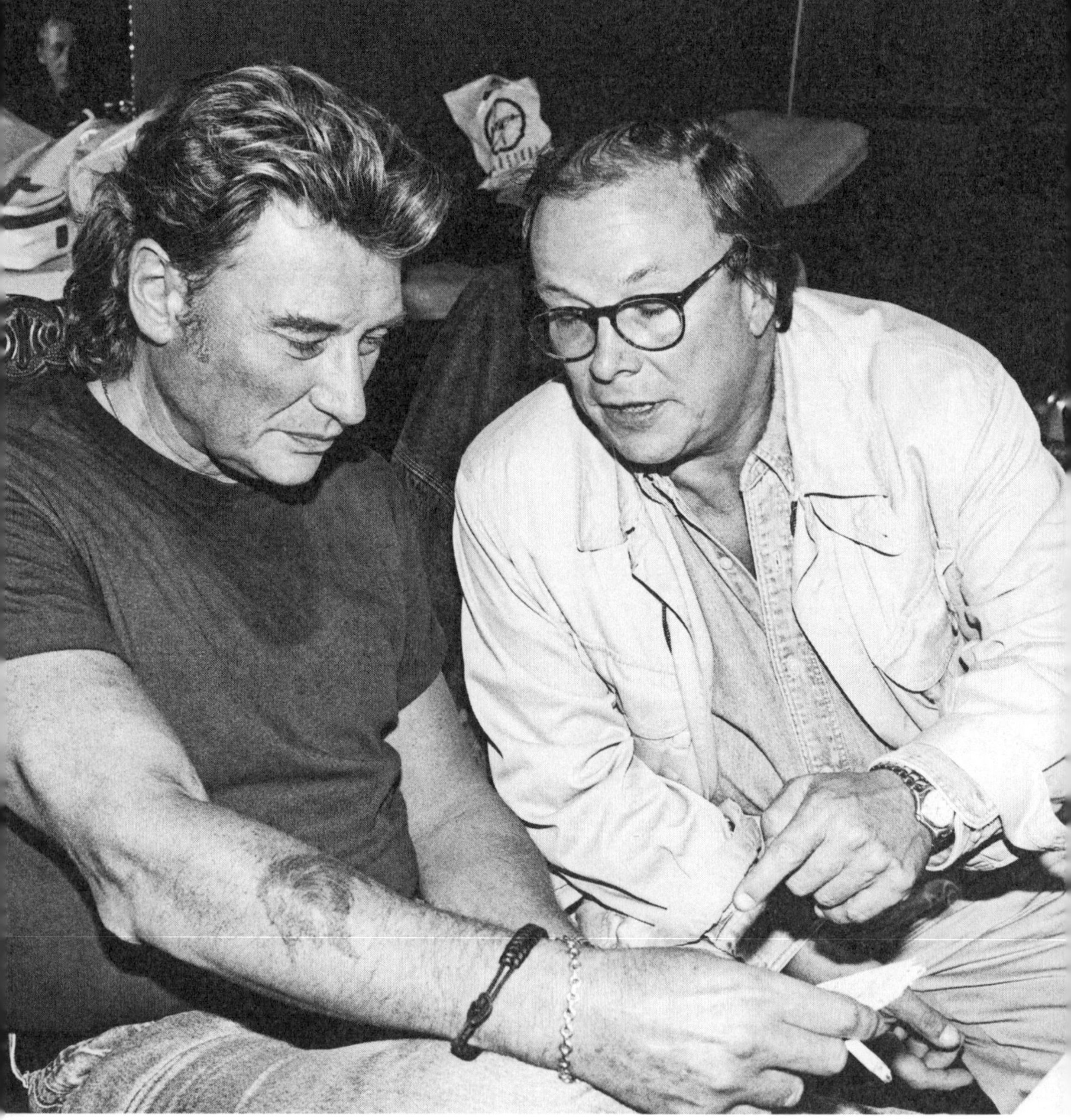

PAQUET (GILL)

C'est une histoire simple. Pas d'aveux, rien que des silences qui lient à jamais. On ne se fait jamais de promesses mais elles sont toutes tenues. On s'aime sans se le dire. Ça va durer trente-quatre ans. Jusqu'à ce que la mort les sépare…

Gill Paquet, un Belge, bâti comme un bouledogue français, une race de chiens qu'il adorait. Il était entré dans la vie de Johnny presque par effraction et il est devenu une sorte de guide fraternel, d'ami fidèle et déterminé. Pour tout dire, il est devenu l'homme de toute sa vie.

Le début des années 1960. C'était une époque de violence et de fureur qui s'épanouissait autour de l'idole. Partout, Johnny semait le désordre et faisait le coup de poing avec des manières de désespéré. Il l'était sans doute. Il avait toujours un compte à régler, le plus souvent avec lui-même. Ce n'était pas facile à comprendre. Ce gosse timide que l'on voyait rougir pour un rien et qui pouvait vous exploser à la figure comme une grenade dégoupillée. Il était d'une gentillesse insatiable et semblait ne jamais tenir compte de rien. Personne ne comprenait, jusqu'à ce que Gill Paquet arrive.

1962 ou 1963, nous ne sommes plus sûr de rien. Johnny avait tout juste vingt ans, Gill cinq de plus. Ce n'est pas bien vieux. Depuis les années 1950, il tentait de se faire un chemin dans le domaine très risqué des relations publiques. Attaché de presse d'Universal Films, il avait assuré la promotion du film d'Orson Welles, *La Soif du mal*, sorti en France en 1958. Il avait vingt ans à peine. Le film fut un semi-échec mais il n'y était pour rien. C'était dû plutôt à la forme choisie par Orson Welles, auteur d'une œuvre trop complexe, déroutante, déséquilibrée qui traînait en longueur et avait fini par dérouter le public, partout dans le monde. À vrai dire, il s'ennuyait un peu dans le milieu du cinéma. Rien n'allait assez vite pour lui. Il rêvait d'autre chose de plus tonitruant. Il serait servi.

Personne ne sait ou ne se souvient de ce que Gill Paquet faisait à Pau en 1962 ou 1963 – les flous de cette histoire font penser à l'univers de Patrick Modiano, encore – tout juste sait-on que Johnny qui devait y chanter le soir même, était en train de déjeuner et surtout de s'échauffer avec quelques parachutistes moqueurs. Les yéyés n'étaient pas en vogue chez les militaires, encore moins chez les parachutistes. On en était à se battre lorsque surgit Gill Paquet, lui-même ancien para. Ferme mais courtois, il mit très peu de temps à calmer tout le monde. Quelques tournées plus tard, les paras rentraient à leur caserne et Paquet mettait définitivement ses pas dans ceux de Johnny.

À quoi pouvait donc servir Gill dans les premiers temps ? L'entreprise Johnny Hallyday fonctionnait déjà très bien sous la houlette de Johnny Stark, grand manitou de la promotion, des concerts, des tournées. Stark, l'homme qui ferait la carrière de Mireille Mathieu, voulait tout savoir et tout diriger pour ce qui concernait Johnny. Gill Paquet, pendant plusieurs mois, était surtout une ombre, ne quittant jamais celui dont il avait décidé qu'il veillerait sur sa carrière. Jour et nuit. Avec Gill, Johnny avait trouvé la bonne longueur d'onde.

En attendant d'avoir les coudées un peu plus franches, Paquet apprenait son métier, non seulement celui de la promotion et du service de presse, mais aussi tout ce qui a trait à la vie, aux frasques d'une vedette telle que Johnny. La tâche était rude, mais facilitée par la proximité entre les deux jeunes hommes. Johnny et Gill étaient devenus intimes, ne se quittant presque jamais et ayant toujours l'air de souffrir lorsque l'autre était absent. C'en était presque gênant pour Johnny Stark, le patron, plus âgé et beaucoup plus distant. Peu à peu, il avait fini par se rendre compte que le lien se distendait entre lui et le binôme.

En 1965, Johnny Stark arrête sa collaboration avec Johnny Hallyday. On pourrait tout aussi bien dire que c'est l'inverse qui s'est produit. Gill Paquet est déjà, trois ans après son arrivée, entré dans le rêve : il va pouvoir gérer Johnny comme il l'entend. Et surtout, en ajoutant au professionnalisme une affection, une attention, qui montrent bien que celui-ci est à ses yeux tout sauf un produit.

Cinq ans plus tard, la réputation de Gill Paquet est faite : à Paris, on considère que c'est le meilleur dans son métier. Il est droit, autoritaire, inventif dans sa façon de gérer la presse et la promotion. Il a commencé de changer l'image de Johnny et c'est un succès. La preuve, il monte au début des années 70 un bureau de presse vers lequel vont se précipiter la plupart des stars françaises : Michel Sardou, Eddy Mitchell, Chantal Goya, Serge Lama, Michel Polnareff. Tous sont ravis de travailler avec Paquet, tous admirent sa rigueur, son intelligence et son inventivité. Paquet a toujours un coup d'avance. Il s'entend merveilleusement avec des stars aussi exigeantes que Michel Sardou ou Eddy Mitchell, leur consacre le temps et l'importance qu'ils méritent, même si et ce n'est un secret pour personne, le lien avec Johnny est encore différent. Ces deux-là s'aiment, sans l'ombre d'un doute, unis, c'est certain, par des douleurs venues de loin. Ils n'ont pas besoin de se dire les choses. Le silence entre eux est plus, beaucoup plus fort que les paroles.

Leur différence d'âge (seulement cinq ans) ne permettrait pas d'imaginer qu'entre Johnny et Gill existe un lien proche de la filiation. Mais ce n'est pas le plus important. Une relation père-fils ou petit-frère grand-frère ? Leur lien, c'est encore autre chose, de plus profond et plus évasif à la fois, un autre chose qui n'existerait pas vraiment dans les manuels.

Il y a la confiance de Johnny, la tendresse de Gill, cette sensation quand ils sont ensemble que rien ne peut arriver de mal.

D'ailleurs, ils ne se posent pas de question, ne sont jamais effleurés par le doute lorsqu'ils évoquent leur relation. Tout cela est pour le mieux et cela continuera jusqu'à la fin des temps. C'est un lien du sang, même s'il n'a sans doute jamais été versé. C'est quelque chose que nous ne pouvons pas vraiment comprendre et que sans doute eux-mêmes n'ont jamais tout à fait compris.

La patience n'est pas le fort de Gill Paquet, ses colères sont célèbres dans le milieu. Quand il explose, pour un rien ou pour une trahison, c'est la même violence qui se déchaîne. On a l'impression qu'à ce moment précis, il pourrait tuer. Et puis ça retombe, brusquement et quelques secondes après, c'est comme si rien ne s'était passé. Tout le monde pouvait y avoir droit, l'auteur de ces lignes y a eu droit en son temps, pour un article mal venu ou mal compris, souvent pour une vétille, mais ça n'était pas là le problème. Il fallait que ça sorte.

Les colères de Gill Paquet n'épargnaient vraiment personne et surtout pas Johnny, lequel, en cas de tempête, rentrait la tête dans les épaules et se taisait un peu plus que d'habitude. Paquet était finalement le seul homme que craignait Johnny, réellement. Il l'aimait profondément et le respectait, mais il le craignait aussi et c'est ce qui donnait un certain charme à leur relation.

Il faut dire qu'avec son protégé, Gill Paquet avait beaucoup à faire. Hallyday resterait à jamais le poulain le plus turbulent et le plus incontrôlable de son écurie. Il fallait à Gill Paquet gérer toutes sortes de situations : les accidents de voiture ou de moto, les ennuis avec la police, des hôtels dévastés en tournée, les disputes dans son couple, l'arrivée de nouvelles fiancées, le départ de futures ex, les découverts bancaires vertigineux, les impôts toujours en retard. Il fallait arrondir les angles, négocier avec les autorités, proposer des solutions, toujours jurer que cela ne se reproduirait plus, sans jamais y croire. Gill était à la fois un protecteur, un conseiller, un directeur de la promotion et surtout, surtout, même si ça n'était pas écrit dans le contrat, le négociateur en chef sur lequel comptait Johnny pour calmer le jeu.

« Gill, il faut que tu calmes le jeu... » C'était sa manière d'annoncer qu'un nouveau souci s'annonçait. Alors, lorsque enfin le problème était réglé, Gill Paquet laissait porter sa colère, et Johnny ne répliquait pas. Il baissait les yeux en attendant que ça passe.

Dans d'autres moments, parce qu'il aimait aussi se détendre et rire, Gill racontait la manie étrange de Johnny lorsqu'il appelait quelqu'un au téléphone, de dire : « Allo, c'est Johnny... Johnny Hallyday... » Il le faisait avec tout le monde, y compris avec des intimes comme Gill Paquet, qui mimait des messages sur répondeur : « C'est Johnny, Johnny Hallyday... »

Avec son intelligence qui ne laissait rien à l'écart, Paquet ajoutait que cette petite manie pas bien dérangeante prouvait à la fois l'innocence et l'immense timidité de Johnny et montrait aussi à quel point, malgré sa gloire, il restait si humble qu'il pensait que son meilleur ami pourrait ne pas le reconnaître.

Quand Johnny s'enivrait au-delà de toute limite certains soirs de blues, Gill Paquet était capable de le sermonner avec vigueur. Plus tard, lorsque l'âge et la fatigue aidant, l'alcool prenait de plus en plus de place, y compris dans les soirées les plus calmes, Paquet remarquait qu'à un certain moment d'un dîner, Johnny, jusque-là agréable et presque bavard, semblait se bloquer avant de s'éteindre, ne disant plus un mot et laissant partir son regard dans le vague. « Ramollissement du cerveau », annonçait Gill. Il était capable de se moquer gentiment de son ami, mais il n'aurait jamais supporté que quiconque puisse faire la même chose. Johnny et Gill, c'était une seule peau, et ce dernier était prêt à tuer si on voulait toucher à son ami.

Vers le milieu des années 80, alors que Johnny avait, comme toujours, beaucoup de mal à payer la pension alimentaire de son fils, accumulant les oublis et les omissions, Sylvie Vartan avait obtenu de la justice que l'on puisse bloquer une recette du Palais des Sports où se produisait son ex-mari. C'était de bonne guerre, une manière de rentrer un petit peu dans ses frais. Plus furieux encore que Johnny, Gill Paquet livra sans ciller l'information à la presse qui en fit ses choux gras, au détriment de Sylvie Vartan. La colère et la rancœur de celle-ci avaient longtemps poursuivi Paquet. Sylvie n'imaginait pas d'autre coupable.

Toute sa vie, Gill a veillé à protéger Johnny de tout, y compris de lui-même. Il a sacrifié beaucoup de choses y compris sa propre vie privée pour éviter à son ami autant que possible les embûches et les chemins de traverse. Ce n'était pas facile. Quand Paquet n'a plus été là, Johnny s'est retrouvé étrangement orphelin alors qu'il n'avait jamais eu de relation père-fils.

En 1995, le cancer avait frappé Gill. Un cancer de la plèvre, de ceux qui ne pardonnent pas. Atterré, dévasté, car plus qu'un ami, plus qu'un homme qu'il aimait profondément, il allait perdre son poteau, le droit fil de sa vie, Johnny se livra pour une fois à une confidence. Tout cela était sans doute trop dur à porter. C'était à la sortie d'une chambre de l'Hôpital américain de Neuilly-sur-Seine, où il était venu faire à Gill une visite comme un adieu. Ce jour-là, il avait beaucoup pleuré, c'était un dimanche de décembre et il savait qu'il voyait Gill pour la dernière fois. « Je l'ai vu dans la déchéance. Je l'ai vu mourir petit à petit. D'une façon qui n'est pas belle à voir. »

Mort le 26 janvier 1996, à l'âge de cinquante-huit ans, Gill Paquet devait recevoir quelques jours plus tard en l'église Notre-Dame-du-Travail dans le XIVe arrondissement de Paris, un adieu de star. Et elles étaient là, toutes les stars de la chanson française pour lesquelles il avait tellement compté.

Dans nos souvenirs résonne encore la voix de Johnny transperçant le silence ému de l'église et disant les mots qu'il avait voulu pour une fois écrire lui-même : « À toi, que j'ai eu la chance de rencontrer… J'étais parfois fragile. Tu étais solide. Là où tu es, quelque part au milieu des étoiles, ne change rien mon ami. Un jour, nous te rejoindrons ! »

Après plus rien n'a été pareil. « Et le vieil homme entra dans un long hiver. » On pense à la dernière phrase de roman d'Antoine Blondin, *Un singe en hiver*. Johnny semblait égaré, loin de lui-même. Il était entré dans un long hiver.

Il n'oubliait rien pour autant. Vingt ans après, il continuait de lui passer un petit salut en plein concert. Il levait la tête vers le ciel et disait, « Gill, cette chanson est pour toi. » Peu importe la chanson, c'était surtout un moment qu'il offrait à son ami, et pendant deux ou trois minutes, plus rien ni personne ne comptait. Ils étaient en tête-à-tête.

PIAF (ÉDITH)

Elle aurait pu être une grande sœur, mais la vie est mal faite. Rien de ce qui pouvait les rapprocher n'a jamais eu de suite. En 1961, lorsqu'il naissait à la gloire, à dix-huit ans, elle glissait douloureusement vers sa tombe. Deux ans plus tard, elle serait morte, dévastée corps et âme. Trop de chagrins, trop d'excès, et un goût morbide pour la désespérance. Elle n'avait pas cinquante ans, Johnny venait d'en avoir vingt.

C'était le moment de se pencher sérieusement sur leur destin commun, cette sorte de parenté qu'entraînent un talent inouï et une trajectoire incendiée. Ce n'était pas encore aveuglant. Plus tard, on a commencé de leur trouver des enfances semblables, très abandonnées, avec une fausse demi-sœur pour Édith, un faux oncle venu d'Amérique pour Johnny, des sortes de familles recomposées qui ne l'étaient qu'à moitié et avec lesquelles il fallait bien avancer clopin-clopant. On évoquait leurs excès communs, l'alcool coulant à flot, cette avidité à se détruire sans même y penser. Personne ne remarquait alors que Johnny avait non seulement pour lui sa jeunesse mais aussi une solide constitution. Il pouvait travailler des nuits entières, rouler trois cents kilomètres ensuite et prendre le temps d'un déjeuner copieusement arrosé avec des copains avant d'aller s'effondrer. Il semblait indestructible et il l'était. Ça a duré très longtemps.

Ils avaient d'autres points communs, et déjà leur facilité à jeter par la fenêtre l'argent que leur procurait leur talent. Ils n'avaient pas connu la même misère, mais faisaient tout pour en rejeter le souvenir. De leur passé, ils gardaient une certaine tendresse pour les autres, et une grande attention pour ceux que le malheur avait frappés.

Et puis il y avait leur talent. Irréel. Qui touchait au divin. Une voix au-dessus de toutes les espérances, reconnaissable entre toutes, dont on avait envie de croire que c'était un miracle, au moins. Sur leur talent tout avait été dit, écrit, analysé. Le critique musical Claude Fléouter, fondateur des *Victoires de la musique*, et grand connaisseur de tout cet univers, avait saisi en quelques lignes tout ce qui résumait ces deux monstres :

« Johnny Hallyday mord, griffe, rugit, accomplit l'acte de chanter du fin fond de ses tripes, comme Piaf, et exprime l'âme populaire. Comme elle, il raconte des histoires où l'on s'arrache le cœur et l'on étouffe les sanglots. Hallyday et Piaf sont frère et sœur dans l'imagerie populaire parce qu'ils savent prendre une salle, la retourner, la bousculer, la posséder, parce qu'ils ont le même contraste entre une voix qui bouleverse et un visage qui n'y prépare pas, les mêmes mots chargés tout à coup de douleur[52]. »

Il est dommage que ces deux-là se soient si mal rencontrés. Pas en coup de vent, mais ce fut peut-être pire. En 1961, Johnny fête ses dix-huit ans en même temps qu'il déboule à l'Olympia, son premier. Depuis plusieurs jours, Édith Piaf, la grande Piaf, vient l'observer en répétition. Elle continue de venir chaque soir pour l'applaudir, et sans doute plus encore pour l'observer. Elle est sur la fin de sa vie, mais son œil est acéré, sa connaissance du spectacle, en font une remarquable

52. *La Dernière des légendes*, Claude Fléouter, Robert Laffont, 1992.

observatrice. Elle est très amie avec Bruno Coquatrix, le propriétaire de l'Olympia, l'homme qui a créé et continue de faire vivre cette salle mythique, et il écoute volontiers ses conseils. Johnny est tellement impressionné qu'il n'ose pas aller vers cette petite femme dont il dit souvent qu'elle est son modèle absolu.

Un soir, Coquatrix qui habite juste au-dessus de l'Olympia propose à Johnny de venir dîner. Piaf est présente et on assoit le jeune homme à côté de la star. Il tremble d'émotion. Piaf, ce n'est pas seulement la plus grande chanteuse du monde, c'est celle qui a repéré Bécaud, Aznavour, celle qui sait. Celle qu'on écoute. Et lui, ce gamin de dix-huit ans, est assis à côté d'elle et il entend les compliments qui passent au-dessus de sa tête, il est terrifié comme il ne l'a jamais été encore, comme il ne le sera pas des années plus tard lorsqu'il s'agira d'affronter le Stade de France. C'est un moment à la fois magique et très angoissant. Il se dit que peut-être lorsque tout sera passé, qu'il se sera habitué à cette présence, il pourrait nouer une relation amicale avec Piaf. Il aimerait pouvoir lui parler, lui poser des questions, essayer de lui faire ressentir ce que sont ses rêves, et ses angoisses. Pour le moment il ne peut pas, il est trop tendu, paralysé par la peur et l'admiration.

Au bout de quelques minutes, il sent une main qui monte sur sa cuisse et se fait caressante. Cette fois c'est la panique qui l'emporte. Tout rouge, il demande brusquement où se trouvent les toilettes à Bruno Coquatrix, sort de la pièce et s'enfuit. Le jeune homme qui venait d'affronter sans trembler une salle hystérique le gratifiant d'un triomphe, s'était enfui en s'apercevant que son idole était aussi misérablement humaine. Le dialogue si prématurément interrompu ne serait jamais renoué, Édith Piaf mourant à quarante-sept ans, le 11 octobre 1963.

SANG POUR SANG

Enfant roi d'un couple mythique, il est né en 1966, beau, blond, reflet magnifique de ses parents. Il semblait que le bonheur s'était déversé sur lui. Ça n'a pas duré.

Tout le monde connaît le destin de David, fils de Johnny Hallyday et Sylvie Vartan, très tôt séparé de son père par le divorce de ses parents. Ce n'était pas une enfance évidente, loin de Paris, loin de Johnny. Même si durant toutes les années de l'enfance et de l'adolescence de David, Sylvie a tout fait pour qu'il continue de garder le lien avec son père. Mais comme elle était installée à Los Angeles, bientôt remariée avec l'Américain Tony Scotti, les relations n'étaient pas si régulières.

Au-delà des problèmes qu'ils ont pu avoir au moment de leur divorce dans les temps qui ont suivi, Sylvie n'a en tout cas jamais voulu que quoi que ce soit puisse perturber la relation entre David et son père. Elle a veillé à ce que la coupure ne soit jamais totale. Et permis que le petit garçon, puis l'adolescent, continue de regarder le père avec admiration.

Quelques privilégiés se souviennent d'un concert à Paris auquel David est venu se mêler, à la plus grande surprise de son père. Johnny était sur scène, au beau milieu de son spectacle et il venait de terminer une chanson. Soudain, après les applaudissements, il a commencé d'entendre un solo de batterie, c'était son fils âgé de quatorze ans qui était monté sur scène avec la complicité de tous les musiciens. Bouleversé, Johnny a trouvé l'inspiration pour d'abord laisser David aller jusqu'au bout de son morceau. Puis il est allé vers lui, l'a pris dans ses bras et lui a murmuré : « Ne deviens jamais comme moi. » Comme un aveu. Mieux qu'un conseil, une manière de dire une souffrance.

Johnny et David, c'est une histoire de père et fils, c'est aussi une histoire d'amitié entre deux hommes qui ont fini par s'apprécier au-delà de leurs liens. Ensemble, ils sont devenus grands, comme dit la chanson. À Gstaad, ils skiaient des journées entières ensemble. Ils avaient appris à partager leurs rires, leurs joies, sans arrière-pensée.

Sylvie était en grande partie responsable de cette réussite. Il est vrai aussi que l'album, *Sang pour sang*, composé par David et chanté par Johnny, a ajouté un petit quelque chose en plus à cet amour père-fils qui pouvait enfin dire son nom. Ce n'est pas tant la réussite de l'album – le mieux vendu de toute la carrière de Johnny – ni la beauté de la chanson dont les paroles très intimes sont portées par une musique magnifique, il y a eu ce travail en commun qui a créé des liens plus forts que jamais.

Ce qui est extraordinaire, c'est que Johnny n'a jamais cherché à donner un petit coup de piston à son fils, respectant son travail, l'admirant parfois, sans jamais chercher à l'aider d'une manière abusive. Et de toute façon David n'a jamais rien demandé. Il faisait sa musique dans son coin. De son père, il ne guettait que le regard lorsque le travail était achevé.

David n'a jamais été un fils de, mais avec Sylvie comme avec Johnny, il a su se comporter en fils digne et aimant. Il n'entretenait de conflit avec personne, donc les relations étaient forcément apaisées. Il respectait Johnny, ne l'a jamais jugé et au bout du compte, tout ce qui l'intéressait, c'est de savoir que peut-être, même s'il avait du mal à dire les mots, son père était fier de lui.

Pour le reste, il savait garder une part d'enfance quand il se trouvait face à ce monstre de la scène qu'était Johnny Hallyday, son père. Il s'est évertué, jusqu'au bout, à l'appeler papa. Pas question de s'adresser à lui comme si c'était un copain. D'ailleurs, quand Johnny téléphonait à David, il se présentait toujours de la même façon : « Allo, c'est papa... Johnny Hallyday ». Avec les autres, les tout proches, il utilisait à peu près les mêmes mots : « C'est Johnny... Johnny Hallyday. » Cela prête à sourire ? C'était surtout une nouvelle marque d'humilité. Combien d'autres auraient pu être convaincus qu'un simple *Johnny* suffirait à se faire connaître.

Quand Laeticia est entrée dans la vie de Johnny, les choses ont commencé à changer, d'abord à coups de petits détails invisibles. Parfois, David a pu se sentir exclu, rejeté, mais c'était presque insignifiant. La vérité a éclaté en 2009, quand son père a été plongé dans un coma artificiel à Los Angeles. À partir de là, tout a été plus compliqué entre belle-mère et beau-fils.

« Il était dans le coma, j'avais peur de le perdre, et quand j'arrive sur place, je vois un monde fou, des photographes, des journalistes, des chefs de télévision, des VIP... J'ai eu un choc, tous ces gens en dehors de la famille... Ils n'avaient rien à faire là[53]. »

---

53. Émission *Sept à huit* sur TF1, le 18 novembre 2018.

Il avait eu envie de crier que c'était son père, qu'il lui appartenait quand même, au moins un peu. Il était gêné, troublé, capable aussi d'aller voir Laeticia et de lui dire sa façon de penser, « mon père est en train de mourir et tu fais venir tout ce cirque ! » Et elle, dans le souvenir de David, plus embêtée que gênée, répétait « oui, oui » comme un leitmotiv bégayant. Après ce ne serait plus pareil. Laeticia ne pardonne jamais. Elle distillera un peu de fiel qui ne servira pas le fils dans l'esprit du père. L'horreur. David savait qu'il n'était pas le premier à qui cela arrivait. Déjà, cela compliquerait les choses pour voir Johnny. Simplement le voir.

Il faut apprendre à vivre ainsi. Dans le non-dit. Les meilleurs moments, c'est quand David travaille avec son père. Pas d'interférences ? Ils sont bien, unis, se comprennent à demi-mot. Désormais, et de plus en plus souvent, il arrive que lorsque Johnny a quelque chose à dire, il passe par David. Son relais. Son fils. Sang pour sang.

En novembre 2016, c'est à Paris que David apprend le dernier cancer de Johnny. Ils n'en parlent pas. Surtout pas de la mort. Rien que la vie. Et puis les nouvelles ne sont pas si inquiétantes à cette époque. Johnny s'est toujours sorti de tout, y compris du cancer.

L'année va se passer entre fausses alertes, minces espoirs, affaiblissements et regains. Les Vieilles Canailles sont là, une dernière fois, pour teinter d'une fausse légèreté les mois de cet été dangereux. On fait comme si, mais qui y croit encore ?

Au mois de novembre 2017, ils apprennent que tout espoir est perdu.

Johnny n'a plus que trois semaines à vivre, dans la souffrance et, de plus en plus souvent, dans l'inconscience. Tant qu'il est soigné à la clinique Bizet, ses enfants peuvent aller le voir tous les jours. Ni interdits ni prétextes.

Après, lorsqu'il rentre à Marnes-la-Coquette, ça devient autre chose. Il faut demander des autorisations, prendre des rendez-vous. Se heurter à des réponses négatives, « Il est trop fatigué », « Non, là il dort », « Pas cet après-midi »... Les vetos sont toujours délivrés par le service médical mis en place ou par les personnes qui régulent entrées et sorties à partir d'une liste de noms autorisés ou pas à entrer dans la maison. La patronne n'apparaît jamais mais ses ordres sont exécutés à la lettre. Si votre nom ne figure pas sur la liste, vous pouvez vous appeler Laura Smet ou David Hallyday, vous n'entrerez pas. Ils vont le vérifier à plusieurs reprises, au fur et à mesure que l'échéance approche. C'est d'autant plus dur qu'ils apprennent la présence de copains de Laeticia ou de Johnny, de relations professionnelles plus ou moins proches, admis dans le cénacle dont ils sont exclus.

Il paraît que Johnny est tellement fatigué quand ses enfants se présentent, alors que dans la même période des *potes* se vantent d'un *gueuleton* partagé avec lui et une dizaine de convives, quelques jours avant sa mort ! Il semble qu'il ne veuille pas que son fils et sa fille le voient dans cet état, mais Joy et Jade jouent au pied du lit... Pour ses grands enfants, condamnés à rester à la porte, que de douleur et d'humiliation.

« Il ne m'a jamais dit "Je suis trop fatigué, ne viens pas, je suis trop diminué physiquement, je ne veux pas que tu me voies dans cet état..." Jamais. Il était content que je sois là, personne ne peut dire le contraire[54]. »

---

54. *Ibid.*

David a dans le regard, en cette seconde, l'éclat humide de celui qui souffre et se rebelle.

Le cauchemar des dernières semaines, des derniers jours, des dernières heures, ne sera jamais effacé, on le sent, il le sait. Ni le chagrin d'avoir perdu son père, ni la douleur d'en avoir été dépossédé, en force. Une manière de le perdre, déjà, alors qu'il était vivant, encore. Deux sortes de chagrin se mêlaient en un curieux panachage.

Toute la journée qui a précédé la mort de Johnny, David a attendu dans le hall de la maison sans pouvoir entrer dans le bureau médicalisé où Johnny vivait ses derniers instants.

« Il est fatigué », disait le staff médical. Il n'était pas bien sorcier de qui il tenait ses consignes. David préfère ne nommer personne. Il dit « elle » et tout le monde comprend. Elle n'est donc pas venue de la journée lui parler, lui expliquer. Qu'y avait-il à expliquer ? Qu'elle ne voulait pas qu'il voie son père une dernière fois ?

En repartant, après une journée d'attente pour rien, il a demandé à la personne de service de donner une lettre à son père. Il l'avait écrite quelques heures plus tôt. Quelque chose venu du plus profond de lui, que Johnny lirait ou pas mais qu'il recevrait de son fils et qu'il emporterait avec lui.

Le lendemain, quand il est revenu, son père s'était éteint dans la nuit. On lui a rendu la lettre qui n'avait pas pu être donnée au mourant. Il a eu mal à hurler. « C'est la seule chose, de toute ma vie, dont je n'arriverai pas à guérir. »

C'est le médecin qui a prévenu David. Ce médecin l'appelait tous les jours pour lui donner des nouvelles. Choqué, tétanisé par le chagrin, il ne songe pas tout de suite que même cette nouvelle-là, sa belle-mère n'a pas pris la peine de la lui communiquer.

Le plus urgent, dans ce petit matin glacé qui a du mal à sortir de la nuit, c'est de prévenir Laura. Sans la brusquer, sans ajouter du drame à la peine. Laura, l'hypersensible qu'il faut protéger. Il appelle d'abord sa maman, Nathalie Baye, lui avoue que pour la première fois, il ne sait pas comment faire. Quels mots trouver ? Il aime sa sœur et comme tous ceux qui l'aiment il songe avant tout à l'épargner. Il demande à Nathalie d'appeler sa fille puis se reprend aussitôt. C'est lui qui va téléphoner. « J'étais obligé. » David est aussi un homme de devoir.

Il semble regarder très loin des images et des mots dont le souvenir se décolore. Les obsèques, un souvenir obscur. Tout était déjà organisé, programmé avant qu'on les concerne, Laura et lui. On lui a proposé de descendre les Champs-Élysées. « J'ai refusé, l'hommage national, c'était pour mon père. »

Après, tout le monde sait ce qu'il s'est passé. Le testament, la bataille, une victoire pleine d'amertume. Rien ne remplace le vide laissé par un père auquel on n'a pas pu dire au revoir.

SARDOU (MICHEL)

Pendant longtemps, ils se contentaient de se connaître, ce qui n'était pas très difficile. Ils se croisaient sur les plateaux de télévision, entendaient parler l'un de l'autre et ça s'arrêtait là. Pourtant, ils avaient fait connaissance à une époque où Michel Sardou, plus jeune, avait quatorze ans et était venu rejoindre son père, Fernand, sur le tournage du film *D'où viens-tu Johnny ?* L'un était au début de son adolescence, l'autre, à dix-huit ans, était déjà une vedette. La légende veut que Michel, qui écrivait déjà des chansons et ne songeait pas à chanter, aurait proposé un texte à Johnny. Les légendes sont parfois plus belles que la vérité.

C'est leur goût de la fête, des soirées arrosées, des déconnades, comme disait Johnny, qui les a réunis. Surtout, Michel le faisait rire.

Ils ont vécu des moments où on pouvait les croire inséparables. Johnny était marié avec Sylvie, et c'est avec elle qu'il était venu assister au mariage de Michel et Babette, en octobre 1977. Quelques semaines plus tôt, ce n'était pas gagné. Sylvie, furieuse d'une nouvelle incartade de son mari, avait décidé de le quitter une fois de plus. C'était l'été à Saint-Tropez, Johnny avait rejoint Michel et Babette dans la maison qu'ils avaient louée, et à la nuit tombée, plutôt que de faire la fête, il pleurait sur l'épaule de son copain son amour perdu. Sylvie était revenue puis repartie. Elle avait fini par s'envoler définitivement.

Dommage, selon leurs proches, Johnny n'a jamais été en meilleure forme que lorsqu'il vivait avec Sylvie.

Et avec Michel, où en était-il ? Leur amitié était-elle réelle ou découlait-elle plutôt de leur relation professionnelle et festive ? Michel avait une admiration réelle envers Johnny, qu'il avait toujours connu au top, et qui avec ses quatre ans de plus faisait figure d'aîné. On sentait chez lui une certaine fascination qui n'existait pas bien sûr chez Johnny. Il aimait faire la fête avec Michel, le trouvait très drôle, mais on ne sentait pas entre eux une amitié extraordinaire. Sauf si l'on mesure l'amitié à un ensemble de moments.

Il leur arrivait de passer des vacances ensemble, de partir en croisière, de se recevoir dans des maisons de vacances, ils pouvaient aussi rester un an sans se voir. Et au bout du compte, qu'avaient-ils de si précieux à se dire ou à partager ? Pas grand-chose.

Les années passant, Michel avait de moins en moins le goût de la fête et des nuits passées à boire et à déconner. Quand Michel a commencé de changer de vie, de ne plus avoir envie de sortir et de faire la fête, choisissant de dîner à 18 heures et de se coucher à 21 heures, Johnny s'est éloigné de lui-même. Il le trouvait soudain moins drôle. C'est sans doute ce qui a fini par les séparer.

Et puis, il y avait Laeticia. Elle est arrivée dans la vie de Johnny sans faire trop de bruit. Michel et Babette Sardou ont assisté à ses débuts, à Miami. La petite jeune fille qui ne prenait pas beaucoup de place et qu'on n'entendait pas. Ça allait vite changer. De mois en mois, elle a pris plus d'importance. Elle n'aimait pas trop Michel car il était encore très cavaleur, sans se cacher, elle craignait que ce soit un mauvais exemple pour Johnny.

Les années ont passé, l'amitié s'essoufflait, jusqu'à ce qu'elle soit rompue brutalement lorsque Michel Sardou, sur scène, a eu la maladresse de faire une plaisanterie de mauvais goût sur les deux petites filles que le couple Hallyday avait adoptées. C'était maladroit, certes, ça ne valait pas pour autant une fâcherie à vie.

D'abord, tout le monde a pu penser que plus tard les choses s'arrangeraient. On ne peut pas mettre fin à trente ans d'amitié pour une bêtise. Johnny avait-il eu la bonne version de ce qu'avait dit Michel Sardou sur scène ? Laeticia, ulcérée par la mauvaise plaisanterie, avait-elle poussé pour que Johnny rompe la relation ? En tout cas, ils ne se sont plus jamais parlé.

À plusieurs reprises, Michel a essayé de revenir vers son ami. Il a fait envoyer des messages, en vain. Un soir, à l'anniversaire de Nicolas Sarkozy où ils étaient tous les deux conviés, Johnny a même refusé de serrer la main de Michel. Jusqu'au bout, il n'a pas cédé. Il est mort en emportant le pardon qu'il n'a jamais voulu donner. Ce qui n'était pourtant pas son genre.

SOLITUDE

« Pour avoir si souvent dormi avec ma solitude, je m'en suis fait presque une amie, une douce habitude... »

Il aurait pu chanter la chanson immortalisée par Serge Reggiani, il ne l'a pas fait, sans doute par pudeur, par modestie, estimant que personne ne ferait aussi bien que Reggiani, et aussi parce qu'elle ne correspondait sans doute pas totalement à son sentiment. La solitude, Johnny n'a jamais réussi à s'en faire une amie, et contrairement à ce que disent les paroles, il lui est arrivé très souvent d'être seul avec sa solitude.

C'est une histoire d'enfance. D'une enfance privée d'un père et d'une mère, d'une enfance plongée dans le vide de l'absence. On ne se remet jamais de son enfance, qu'elle soit belle ou horrible. Le savoir nous aide à mieux comprendre pourquoi, malgré la gloire, les triomphes, les amours, l'ivresse des foules déchaînées hurlant son nom, il a continué jusqu'au bout de se sentir seul.

C'est un sentiment étrange, comme une douleur permanente qui vous fait vous sentir différent des autres. Pas meilleur. Différent. Se sentir différent est une perte de temps, selon Hegel, mais qu'y faire ?

Bien sûr, quand on est un enfant de la solitude, trimbalé à travers l'Europe par une famille plus ou moins recomposée, on cherche à trouver autre chose. C'est une quête permanente d'affection, d'intérêt, d'amour. Plus tard, on gagne de l'argent et il est facile d'attirer autour de soi toute une bande de copains qui vous aiment sans doute, beaucoup pour ce que vous êtes en apparence, très peu pour ce que vous leur cachez.

La gloire, comme l'alcool, est un ami qui nous veut du mal. Elle change les relations avec les gens, elle fausse tout. Il est toujours possible de chanter sur scène pendant deux heures avec quinze personnes autour de vous et quatre ou cinq mille autres qui hurlent leur amour, mais à la fin, lorsque tout a été remballé, que le spectacle est terminé, que le dernier verre a été bu, qu'il faut regagner sa chambre, vous êtes seul.

C'est un vieux souvenir, d'un petit reportage télé des années 1960. Johnny était sur un bateau à moteur qui avançait tandis qu'il livrait quelques-unes de ses réflexions du moment. Il est étonnant que soixante ans plus tard, ses paroles résonnent encore à nos oreilles. Mais la mémoire est ainsi faite. Il parlait de la solitude, employait des mots choisis, dont on comprenait qu'ils reflétaient le plus profond de son âme. Et puis, après avoir répété que dans la vie on est toujours seul quoi qu'il arrive, il ajoutait, comme on finit par lâcher quelque chose de cruel à exprimer mais qu'il ne faut plus retenir : « Même dans ton cercueil tu es seul. » C'était le genre de pensées à faire frissonner les enfants, d'autant qu'en fond sonore passait son tube du moment, dont le titre, *Je suis seul*, en disait long lui aussi.

Quand il chantait *Je suis seul* sur scène, c'était un spectacle prodigieux. Il savait vivre ses chansons, toutes ses chansons, certes, les interprétait comme s'il en était l'auteur et le héros, mais sur celle-là, l'incarnation devenait presque mystique. Il hurlait : « Je me sens si seul, oui, si seul ! » Et la foule défaillait. Il semblait se tordre réellement de douleur et nous ne sommes pas sûr que ce fût tout à fait de la comédie.

Il est bon que sur une scène, il ait pu répéter ces mots chaque soir parce que pour le reste, sa solitude il n'en parlait pas. Il se contentait de se murer dans des silences obstinés, enfermé dans un monde auquel personne n'avait accès. Et ça pouvait durer des heures. En tournée, alors qu'il fallait faire deux cents ou trois cents kilomètres par étapes, chaque jour, il ne sortait presque jamais de ses silences.

Sa manière d'évoquer la solitude, sans chercher à revenir systématiquement sur son enfance, sans doute parce qu'il pensait que tout le monde avait compris, c'était d'éliminer par petites touches tout ce qui autour de lui pouvait apparaître comme un remède contre la solitude et ne l'était pas.

Les copains ? Ça ne compte pas vraiment, ce qui compte, ce sont les amis et il y en a très peu. L'entourage professionnel ? Ça va, ça vient. Ce sont des relations construites sur beaucoup de sable. Les femmes ? C'est au moment où on a le plus besoin d'elles qu'elles s'en vont et qu'elles vous abandonnent. La gloire ? C'est bien quand on a vingt ans et qu'on ne pense pas trop. Après, tout au long de votre vie, on se demande à quel moment ça va s'arrêter. Et puis, ce n'est pas ça qui remplit une vie. Les enfants ? Dans ces moments-là, il ne savait pas trop quoi répondre. Si ce n'est revenir comme à une source, vers son enfance. Il n'avait pas appris à être un enfant, il n'avait donc pas appris non plus à être un père et à pouvoir donner assez à ses enfants pour qu'un jour ils puissent le lui rendre.

Plus que la chanson de Reggiani, qu'il trouvait magnifique bien sûr, mais qui lui faisait mal, il aimait bien écouter celle de Bécaud, *La solitude, ça n'existe pas*. Il en aimait l'ironie, l'amertume de celui qui essaie de faire croire qu'il n'est pas seul parce qu'il va au Club Méditerranée ou dans d'autres endroits où il est entouré de beaucoup de monde.

En vieillissant, cela ne s'est pas arrangé. Il observait de plus en plus de gens seuls ou qui s'infligeaient des histoires affligeantes pour ne pas l'être. Cela lui donnait à réfléchir sur les autres et sur lui. Johnny, jusqu'au bout et jusqu'à l'heure de sa mort, n'a jamais été dupe de sa solitude.

TROMPE-LA-MORT

Il ne s'en est jamais caché, la mort était une obsession. Depuis l'enfance, avec les nuits de cauchemar et le sentiment persistant d'abandon, il détestait le soir qui tombe et plus encore le sentiment de solitude quand il n'y avait plus une seule lumière.

« J'ai toujours peur qu'elle vienne me chercher dans ces moments. »

Il avait peur de la mort mais n'avait pas peur de l'affronter. C'est un de ces paradoxes qui rendaient Johnny insaisissable par moments. Car nul plus que lui n'a failli mourir à moult reprises à cause de risques insensés pris en toute connaissance de cause.

On passe sur les divers accidents d'enfance qui ont failli écourter sa vie, et notamment, le 6 juin 1944 alors qu'il n'a pas encore un an, lorsque le petit Jean-Philippe Smet se brûle gravement la bouche avec des cristaux de soude caustique. À la suite de cet accident, il gardera un léger zézaiement dans les moments où il est très fatigué.

Quelques maladies infantiles suivront, dont une qui le gardera à l'hôpital pendant dix jours alors qu'il a seize ans. Puis il quitte le rôle de victime innocente pour tenter le diable à chaque occasion. L'appel du danger devient une fascination, un mode de vie. Quand tout va à peu près bien, il vit comme s'il ne devait jamais mourir, et c'est déjà un risque. Quand tout va mal, dans son cœur ou dans sa tête, il fonce à tombeau ouvert. C'est comme une enivrante résignation.

Le 17 octobre 1961, sa Triumph TR3 va se fracasser dans un fossé entre Boulogne-sur-Mer et Lille. Le visage entaillé, il perd longuement connaissance. Deux ans plus tard du côté de Modène en Italie, sa Ferrari dérape sur une plaque de verglas et heurte violemment un camion.

Quatre ans plus tard, pendant l'été 1967, Johnny est au volant d'une Lamborghini 400GT. À ses côtés, le photographe Jean-Marie Périer. La veille, Johnny a chanté à Saint-Tropez et n'a pas dormi la nuit qui a suivi. Peu importe, il fonce. Arrive le fameux moment d'inattention, ce léger abandon qui en a tué d'autres. Les yeux qui se ferment une demi-seconde sous le coup de la fatigue et la voiture sort de la route, déracine un arbre avant de terminer sa course dans un fossé. Johnny souffre de quelques hématomes, son passager a l'arcade sourcilière ouverte, mais le conducteur reste zen. Plus tard, il concédera : « Je devais rouler à 180, 200… peut-être. » Évidemment.

Le 20 février 1970, il est au volant d'une DS21. Sylvie est assise à côté de lui. Ils roulent en direction de Besançon, le temps est mauvais, de la grêle s'abat sur la voiture. À Roppe, entre Mulhouse et Belfort, Johnny qui roule trop vite malgré les éléments, dérape sur une plaque de verglas et la DS s'écrase dans le fossé. Cette fois, les dégâts sont importants : Sylvie qui a été projetée à travers le pare-brise est grièvement blessée. Elle est rapatriée d'urgence à Paris où elle sera opérée avant d'être à nouveau opérée par deux fois à New York où elle restera quatre mois. Sylvie gardera toujours des cicatrices, souvenirs de cet accident, elle aura aussi une partie du visage refait. Cette fois, Johnny est penaud. Et aussi dans l'incompréhension, comme si cela n'aurait jamais dû arriver.

Ça ne l'empêchera pas de continuer à rouler toujours à la limite. Dans ces excès, il trouve son souffle et, paradoxalement, une manière d'apaisement.

On jurerait que Françoise Sagan ait pensé lui quand elle écrivait : « Qui n'a jamais aimé la vitesse n'a jamais aimé la vie ou, peut-être, jamais personne. La vitesse n'est ni un signe, ni une preuve, ni une provocation, ni un défi, mais un élan de bonheur[55]... »

Il n'y a pas que des voitures et de la vitesse dans une vie fourmillant de dangers. Il existe, hélas, d'autres moyens de se faire mal. Audacieux, risque-tout, refusant toujours de tricher lorsqu'il est sur scène, Johnny prend parfois des risques inconsidérés.

En 1982, un mois après s'être blessé apparemment sans gravité, en chutant de moto (décidément) dans les dunes du Touquet, il prépare son grand spectacle, *Le Survivant*, au Palais des Sports. Sur scène doivent se dérouler des combats. Au cours d'une chorégraphie avec de véritables haches, il reçoit un coup dans sa hanche déjà blessée au Touquet. Souffrant le martyre, il assure quand même sa série de concerts. Les examens qui suivent déterminent assez vite qu'il souffre d'arthrose et le médecin lui recommande la plus grande prudence, sinon il faudra l'opérer.

Alcool, tabac, efforts disproportionnés très souvent, ne font pas bon ménage avec des consignes de prudence. Son état de santé se détériore et pendant longtemps il fait comme si. Il a souvent agi comme

55. *Avec mon meilleur souvenir*, Gallimard, 1984.

ça, en traitant par le mépris la douleur et le danger. C'est pour lui une manière d'éloigner le mal, et la malédiction. Ignorer pour ne pas subir. Cette fois, ça ne marchera pas.

Le 26 juillet 1983, Johnny est opéré à la hanche droite. Quinze jours d'hospitalisation à Cochin avant d'enchaîner avec une rééducation d'un mois à Cabourg. Il ne se comporte pas avec plus de prudence, au contraire. Deux ans plus tard, il retourne à Cochin pour que le professeur Postel l'opère de l'autre hanche.

Toute sa vie, il a joué avec le danger et avec sa santé, ce qui encore une fois est totalement contradictoire avec sa réelle peur de la mort. Une angoisse quotidienne qui l'a tenaillé jusqu'au bout.

Déjà il avait dû faire face, dans les années 1980, à des rumeurs de cancer, sans jamais les commenter. En revanche, au mois d'août 2009 lorsqu'il fait un check-up complet à l'Hôpital américain de Neuilly, à la demande des assureurs, le séjour dure plus longtemps que ce n'était prévu, mais on n'en sait pas plus. Un mois plus tard, au Canada, Johnny reconnaît que les médecins ont découvert un polype et qu'il a donc dû être opéré d'un cancer du côlon. Un petit cancer, précise-t-il.

Il semble toujours rattrapé par son histoire, par ses excès, au point que l'on retrouve dans la douloureuse énumération qui précède, une sorte de cohérence. Rien n'arrive par hasard et si les assurances ont exigé un check-up complet, c'est parce qu'à l'occasion d'un concert à Monaco, il avait fait en juillet 2009 une chute assez sérieuse sur un yacht de location. Hospitalisé, il avait dû être opéré de la hanche… Vingt-quatre ans après la dernière opération.

Hernie discale, chute de tension, côtes cassées, vertèbres abîmées, problèmes cardiaques, sa vie s'égrène comme un foisonnant bulletin de santé. Jusqu'à ce qu'il tombe malade une dernière fois. C'est en 2016, il entame un ultime combat contre le cancer, cette maladie qui refuse obstinément de lâcher prise et à laquelle on échappe parfois mais qui revient à la charge si on n'y prend pas garde. Il va lutter pendant des mois, donner parfois l'impression qu'il est en train de gagner. Il va aller au-delà de ses forces pour assurer avec ses copains Eddy Mitchell et Jacques Dutronc la tournée des Vieilles Canailles, tenant debout par miracle. Survivant. Comme il l'a fait toute sa vie, il continuait de chanter ses angoisses, de danser sur ses craintes, et de maquiller sa désespérance. C'était un trompe-la-mort. On ne saura jamais s'il a pu tromper ses peurs jusqu'au bout.

VARTAN (SYLVIE)

Elle aurait été la femme de sa vie, s'il n'avait eu qu'une vie. Il avait vingt ans, elle un an de moins. C'était un amour qui respirait l'évidence.

Avec eux les choses étaient allées vite. Il faut dire que les présentations n'avaient pas traîné. Eddie Vartan, le frère de Sylvie, musicien lui aussi, avait joué l'intermédiaire, en même temps que Daniel Filipacchi, l'homme de *Salut les copains*. Avec des parrains comme ceux-là, l'avenir s'annonçait radieux. Tumultueux aussi, mais cela, ils ne le savaient pas encore.

En septembre 1963, Johnny et Sylvie partent à Nashville où la jeune femme enregistre, dans les studios de RCA, *La plus belle pour aller danser*, une chanson imaginée par Aznavour et Georges Garvarentz. Ce sera un tube que l'on fredonne encore soixante ans plus tard.

À peine revenus, ils apprennent la mort d'Édith Piaf le 11 octobre. C'est un drame français, un drame intime pour Johnny. Il la pleure comme un enfant.

En forme de consolation, une manière de se persuader que tout n'est pas toujours noir dans la vie, Johnny décide d'annoncer un peu en avance la date de leurs fiançailles. Le 15 octobre, ils font donc l'annonce sur l'antenne d'Europe 1.

C'est le début d'une aventure qui va les emmener tant bien que mal jusqu'au début des années 1980. Le temps va passer, beaucoup de choses vont changer. Ils resteront eux-mêmes, pour le meilleur et pour le pire.

Elle est le calme, la tempérance, la raison. Il est le feu, le délire et la déraison. Et ils s'aiment, passionnément. Pas au point de tempérer Johnny dans ses virées nocturnes, ses plongées dans l'alcool et dans la nuit, mais assez pour que Sylvie supporte tout avec toujours l'espoir que cela va changer.

Ce sera un des leitmotivs de Johnny jusqu'à la fin de sa vie, une interrogation : « Pourquoi les femmes veulent-elles nous changer ? Moi, c'est une idée qui ne m'est jamais venue. »

De changer ? Ou de changer une femme ? Quand il est en pleine crise de mauvaise foi – et ça va souvent avec l'alcool – il peut aller plus loin. Les femmes veulent nous transformer, dit-il, et, quand elles y parviennent, elles n'aiment pas le résultat, et elles nous quittent parce que nous ne sommes plus celui qu'elles ont aimé.

Nous ne sommes pas certain qu'il croyait lui-même à ce qu'il disait mais il savait cacher son jeu quand c'était nécessaire.

Le 12 avril 1965, alors que Johnny est encore sous les drapeaux, ils se marient à Loncoville, et c'est encore une manière de montrer au monde à quel point sous des allures débridées, leur couple a quelque chose de solide.

Leur amour est unique car il s'y mêle sans cesse, et c'est flagrant pour tous ceux qui ont envie de les observer bien au-delà des apparences, une sorte de sororité. Ils aiment retrouver chez l'autre ce qui a été une douleur chez eux. Johnny admire le courage de Sylvie, de son frère, de leurs parents, qui ont fui la Bulgarie sans rien emporter, avec la peur et la faim au ventre, qui sont arrivés en France presque pieds nus, sans parler un mot de français et qui ont conquis dignité et liberté.

Elle connaît aussi son histoire, celle du petit garçon trimballé à travers l'Europe, abandonné par son père et sa mère, qui n'a jamais vraiment connu de vie de famille, et qui cherche dans toute rencontre un peu de réconfort et de protection. Et elle lui donne tout cela, elle lui rend même au centuple l'amour qu'il est capable de lui donner. Lorsqu'ils ont des accidents de voiture dont elle sort fracassée, elle ne lui en veut pas. Oui, il conduit trop vite, sans prudence, mais il est ainsi et elle l'aime assez pour pardonner.

Après la naissance de David, en 1966, elle espère qu'il va se calmer. C'est sans doute une erreur : il est désormais confronté à la paternité, un rôle qui lui fait envie, forcément, mais dont il n'est pas certain qu'il soit capable de le tenir. Et s'il avait hérité des failles de son père ? Par certains moments, Johnny se fait peur, il sait d'où il vient et avec quel handicap. Et il craint à tout moment de perdre pied. L'enfant qui arrive le terrorise. Au point de le plonger dans le pire des scénarios[56].

Comment pourrait-il être un père classique, lui qui ne sait rien de l'enfance. Cinquante ans plus tard, la chanson *Sang pour sang* posera des mots en forme de réponse sur ses interrogations. La vie continue, les années passent. Johnny est toujours endiablé. La fidélité n'est pas son fort. Sylvie passe, parfois, sur ses petites trahisons, car elle préfère se dire qu'il n'a pas conscience du mal qu'il peut lui faire.

---

56. Voir entrée « Noir (c'est noir) ».

Quand ça va trop loin, elle va même jusqu'à la rupture, il lui arrive de s'en aller, puis elle revient, parce qu'elle est incapable de quitter son mari. Il a toujours l'art de la rattraper, avec son air de chien battu, d'enfant perdu qui ne sait pas comment se faire pardonner une grosse bêtise. Le quitter serait l'abandonner.

Après une rupture plus longue que les autres, il pense la retrouver en 1977 et le couple fait même une couverture de Match : c'est comme un signal, celui d'un nouveau départ. C'est aussi l'année où il chante une chanson que lui ont écrite ses amis Pierre Billon et Jacques Devaux, *J'ai oublié de vivre*. Tout un programme. Lui aussi, il a ses moments de lucidité et là ça ne dure pas.

Le couple se séparera à nouveau, une fois, deux fois, trois fois. Il tentera encore de retrouver de la force et de la solidité, y compris sur scène, devant les fans, quand ils chantent en duo *J'ai un problème*. Qui semble raconter leur histoire, mot pour mot. Rien n'y fait. Finalement, leur divorce est définitif. Il n'y aura pas de nouvelle tentative.

Ils entament alors une nouvelle phase de leur aventure, celle-là à la vie à la mort, car seule la disparition de Johnny y mettra fin. Une vie faite de tendresse, d'amour, de fidélité et de sentiments. Peut-être tout ce dont avait rêvé Sylvie pendant leur première époque, et qu'elle n'avait jamais obtenu que par fragments par-ci, par-là.

Leur ami, Michel Sardou, chante « On appelle toujours sa première femme sa femme ». Johnny et Sylvie ne pourraient pas dire mieux.

Loin des volcans, des trahisons, des violences, des ruptures et des passions pas toujours saines, leur deuxième vie d'amour va ressembler à un long fleuve tranquille. Ils ont gommé toutes les aspérités, restent la tendresse, la confiance. Le point culminant de leur nouvelle relation peut se situer au mois de juin 1993, lorsque Johnny fête ses cinquante ans au Parc des Princes. C'est la première fois qu'un chanteur français remplit un stade de cinquante mille places. Le concert est magnifique, inoubliable. Il y a beaucoup de larmes, elles sont dues à l'émotion. Dans la nuit enchantée résonnent les plus belles chansons de Johnny, les plus envoûtantes, et des invités prestigieux qui sont surtout et avant tout des amis viennent donner un peu plus d'éclat à la fête, Michel Sardou et Eddy Mitchell en tête. Et puis il y a ce moment magique où semblant descendre par un ascenseur qui arrive lentement, Sylvie apparaît comme venue du ciel, et chantant à Johnny qui l'attend sur la scène, *Tes tendres années*. Johnny est à l'autre bout de la scène, les jambes bien arc-boutées dans son attitude de chanteur, le micro baissé, il semble prêt à l'attendre jusqu'à la fin des temps. Elle chante, elle arrive vers lui lentement et termine sa chanson en posant un baiser sur ses lèvres avant de poser la tête sur ses épaules. C'est un moment que l'on est content d'avoir vécu, parce qu'il raconte une histoire, de la plus belle façon. Après cela, les mots sont inutiles, tout le monde a compris quel lien éternel unit ces deux personnes.

Il y aura d'autres rencontres, d'autres partages, tant et tant de moments passés, heureux, joyeux, parfois sérieux voire soucieux lorsqu'ils se réunissent pour parler de David si celui-ci a un problème. Il leur arrive de se recevoir, de passer quelques jours de vacances ensemble. Sylvie a retrouvé un amour solide et constant avec Tony Scotti, Johnny a virevolté encore. Et puis il a rencontré Laeticia, il n'a pas toujours été facile de mêler les deux vies. Quand le présent jalouse le passé, cela n'aide pas à apaiser les tensions. Mais Johnny a toujours su faire front, quoi qu'il en soit, pour protéger sa relation avec Sylvie. Il lui est arrivé de céder souvent sur d'autres points, jamais sur celui-là. Et Sylvie a pu oublier elle-même certains moments compliqués, un peu tendus, parce qu'elle ne voulait pas gâcher le bonheur de son ex-mari et que l'important pour elle, c'était de garder le contact.

Il y aurait plus encore à écrire sur cette relation exceptionnelle, cet amour qui n'en a jamais vraiment fini, gardons plutôt en mémoire ce moment insoutenable où, dans les derniers jours de la vie de Johnny, Sylvie a pu le voir une dernière fois. Contournant les interdictions, elle a pu accéder à sa chambre alors qu'il était hospitalisé à la clinique Bizet dans le XVIe arrondissement de Paris. Cela arrivait parfois lorsqu'on ne pouvait plus contenir ses douleurs à domicile. Elle voulait voir Johnny une dernière fois, pour lui dire adieu.

Elle craignait ce tête-à-tête, et le chagrin fou auquel elle serait confrontée. Elle pensait aussi qu'elle lui devait ce moment. Sylvie a pu dépasser sa hantise. Ce qui s'est dit à ce moment précis est resté secret. Sylvie avait vu ce jour-là dans cette chambre, un spectacle de souffrance infinie et de perdition. Le visage de son Johnny, déformé par la douleur, une dernière vision qui la hanterait jusqu'à la fin de ses jours.

VOIX

Une voix, qu'y a-t-il à l'intérieur d'une voix ? En nous inspirant de Charles Trenet, nous dirons qu'il y avait dans celle de Johnny Hallyday autant de mystère qu'à l'intérieur de n'importe quelle noix.

Il y avait aussi – le présent serait plus juste, car la voix est toujours vivante, intacte – il y a donc de la langueur et de la longueur, de la rocaille et de la justesse, un défi au temps, une chaleur et une puissance qui envoûtent. De la solidité aussi qui n'éloigne pas la tendresse. Ce sont des sensations fortes, comme on peut le dire de certains parfums. L'effet est radical.

Une fois que l'on a dit cela, ces émotions, ces saisissements, il reste que cette voix est un mystère. Et elle le reste même après que l'on a expliqué à quel point Johnny chante intelligemment les chansons écrites par d'autres, avec toutes leurs gammes de sentiments. Oui, il y a ce don pour s'approprier des mots qui ne sont pas les siens, sa justesse de ton. Reste une inconnue : qu'est-ce qui fait que cette voix ne ressemble à aucune autre ?

Qu'a-t-elle de plus ? Le travail ? Il n'expliquera jamais certaines prouesses ni le registre atteint quand il chantait *Diego libre dans sa tête* ou *L'Envie*.

Lui-même ne savait pas répondre à cette question. Et, pour une fois, ce n'était pas une question d'humilité. Parfois, il donnait des pistes, invoquant les cours de chant pris alors qu'il était très jeune avec une certaine Madame Fourcade, qui excellait dans son travail, au point qu'à peu près tous les chanteurs de plusieurs générations lui ont fait confiance.

Johnny racontait comment elle l'avait amené peu à peu à chanter avec le diaphragme, tout en bas, avec le ventre, avec ses tripes. Cela paraît simple, ce ne l'était pas. Beaucoup d'efforts, de concentration, une forme de torture. Enseigner une telle méthode n'était pas fréquent à l'époque. Il fallait aussi savoir à qui on s'adressait. Avec certains, c'était peine perdue.

C'était devenu une posture naturelle, au bout d'un certain temps, et le public s'est habitué à le voir chanter les jambes bien écartées pour prendre appui. Il en avait fait, inconsciemment, sa marque de fabrique, comme c'est celle de Céline Dion, de Sardou, Sinatra. Pour toutes les grandes voix, c'est une manière d'aller chercher de cette façon de la puissance.

Il a donc pu forcer tous les barrages grâce à ses dons et son travail.

Il n'a jamais été un simple interprète, même s'il n'écrivait jamais les textes qu'il chantait. Son intelligence brouillait les cartes et lui permettait de se confondre avec les mots des autres.

Il ne s'est jamais contenté d'être juste un personnage et rien que cela, une légende vivante, ce qui était déjà bien. Il en avait largement les moyens. Sa voix venue d'ailleurs, un peu comme lui, lui a permis de devenir autre chose, un inoubliable, une légende.

Sur cette voix, beaucoup se sont penchés, pour en disséquer les miracles et essayer d'en repérer les scories. En vain. Il fallait bien conclure qu'elle était unique, avec son timbre rocailleux et puissant. Le don de dieu. La voix de Dieu aurait osé Maradona.

Elle charmait déjà les auteurs avant d'envoûter le public. Posée sur une technique impeccable, elle était aussi chargée d'expérience, de vérité, de choses vécues.

« D'ailleurs, s'il n'avait été qu'un personnage et pas un tel chanteur avec une voix aussi exceptionnelle, ça ne m'aurait pas intéressé », disait Jean-Jacques Goldman à l'époque où il lui a composé son album, *Gang*.

C'était une voix qui lui permettait tous les excès, tous les défis. À partir de 1995, alors qu'il avait déjà franchi la cinquantaine, il aimait à passer dans son programme deux chansons iconiques, *L'Hymne à l'amour* ou *Ne me quitte pas*. Deux monuments de la chanson française auxquels personne n'osait s'attaquer, ou alors une fois sans lendemain, tant elles étaient imprégnées du talent d'Édith Piaf pour *L'Hymne à l'amour*, de Jacques Brel pour *Ne me quitte pas*.

Il en faisait son bien, sa réussite, c'était comme s'il redonnait une peau neuve à ces chansons que tout le monde connaissait, mais pas comme ça.

« Derrière ça, ce don venu du ciel, il y a quoi ? La force de la vie, l'énergie, l'ambition. » Philippe Labro semble toujours considérer qu'un tel don tient du miracle. Encore qu'on n'insiste pas assez, selon lui, sur le travail que Johnny avait fait pendant des années par rapport à sa voix et à son corps. « Il s'est inventé un coffre », affirme Labro[57].

57. Entretien avec l'auteur, 14 novembre 2023, Paris.

Avec le temps qui est censé tout abîmer, cette voix s'est développée, a mûri, grandi, s'est renforcée. C'est à cette seule condition qu'il a pu passer la soixantaine, continuer de chanter mieux que personne du Brel, du Piaf, de l'Aznavour et offrir de grands moments, selon Labro.

« Je ne sais pas s'il avait des coaches ou pas, mais je sais que cette force surhumaine est venue avec le temps. Que ce soit au sujet de sa voix ou d'autre chose, il est le fruit de sa propre expérience, on en revient toujours à ça. »

Il est encore un détail qui compte et à ne surtout pas oublier quand on parle de la voix de Johnny, c'est qu'elle n'a jamais changé. Cinquante ans après, elle était toujours la même, ce qui n'existe généralement pas. Tous les chanteurs, Frank Sinatra, même Michel Sardou, le seul en France qui puisse être comparé à Johnny du côté qualité de la voix, tous perdent une octave, de la puissance, leur voix semble avoir été transformée. Cela n'a jamais été le cas pour Johnny[58].

58. *Ibid.*

VOYAGES

Il aimait à dire que le monde entier ne lui avait échappé que pour trois pays seulement : la Russie, l'Australie et la Chine. C'est beaucoup si l'on considère la superficie de ces trois territoires, c'est peu dans une vie d'homme quand même. Il comptait parfois en fonction de ce qui l'arrangeait.

Ce qui est certain, c'est son goût de l'inconnu. Comme il avait déjà sillonné enfant quelques territoires plutôt familiers, il lui fallait du lointain et des sensations fortes. Il reconnaissait être attiré par tout ce qu'il ne comprenait pas, notamment en Orient. Avoir tourné *Vengeance*, avec Johnnie To, à Hong-Kong, l'avait comblé.

Pour le reste, il reconnaissait que partir en tournée, se retrouver le soir dans une chambre d'hôtel et commencer par chercher le minibar, ce pouvait être une sorte de plaisir, une nouveauté toujours recommencée. Il avait en tête des images de chambres d'hôtel toujours un peu différentes, l'angoisse des moments où on sait que dans quelques heures il faudra affronter la scène, la solitude choisie cette fois. Et aussi la dépression des milieux de nuit quand on rentre épuisé d'un concert, ivre de fatigue, de clameur et d'autres choses encore, prêt à tomber d'épuisement, mais incapable de dormir.

Le voyage, les voyages, c'était avant tout une manière de s'enfuir, de partir loin de tout et de tenter de s'oublier lui-même avec ses peurs, ses angoisses, ses chagrins, tout ce qu'il espérait ne jamais emporter avec lui et dont il ne se débarrassait pas réellement aussi loin qu'il aille.

Il lui a fallu beaucoup de temps pour comprendre qu'en fuyant, il se fuyait lui-même. Dans son imaginaire, un vrai voyage, c'était un moment où il chevauchait une moto et peu importait la distance ou la destination. Son amour de la moto, depuis toujours, était intimement lié à sa passion des voyages. Il n'avait pas besoin d'aller loin. Quand il chevauchait une Harley Davidson ou une Kawasaki 900, il était déjà loin dès les premiers mètres. Le monde s'arrêtait là. Il entrait dans une autre dimension. Il fuyait aussi le plus souvent quand il partait à moto, des douleurs ou des chagrins qui le submergeaient. À la mort de sa tante Hélène, en 1972 – c'était pour lui comme de perdre une maman – il avait cru devenir fou de chagrin et n'avait trouvé de solution que dans la fuite éperdue à travers la vallée de la mort aux USA, traversée les dents serrées : il avait alors une Kawasaki et il était parti trois semaines entre la Californie et la frontière mexicaine.

« J'ai toujours cru qu'en roulant vite, on pouvait semer le chagrin loin derrière soi, et souvent ça a marché. »

S'il gardait un seul souvenir de ses mariages avec Adeline, c'était sans doute celui qu'il avait fait dans l'Ouest américain. À cette époque, il avait devant lui deux mois de liberté, ce qui ne lui était pas arrivé depuis longtemps. Avec son entraîneur d'alors, Hervé Lewis, l'ami Pierre Billon, son photographe culte Tony Frank et Adeline, ils étaient partis pour un voyage de rêve qui devait durer deux mois. Depuis longtemps il voulait découvrir l'intérieur des USA, l'Amérique dans sa vérité, d'est en ouest, dormant chez l'habitant, allant à la rencontre de vrais Indiens, ils allaient de la Nouvelle-Orléans à Los Angeles, en passant par Daytona Beach en Floride et avec même la joie d'y rejoindre les plus grands rassemblements de Harley qui aient lieu sur la planète.

Une autre fois, bien plus tôt, à la fin du printemps 1978, il était parti avec Michel Sardou descendre les rapides du Colorado. C'était à l'époque où ils étaient les meilleurs amis du monde et avaient envie de vivre cette aventure, loin de la France et de leur vie de stars.

Plus tard, il avait fait des virées à travers les États-Unis avec ses copains bikers, Pierre Billon en tête. Ceux qui seraient là jusqu'au bout de sa maladie et de ses souffrances, comme pour l'accompagner du mieux qu'ils pouvaient.

Il avait visité presque tous les territoires du monde, croisé des centaines de coutumes, admiré autant de paysages, mais jamais il n'a été aussi heureux que lorsqu'il pouvait chevaucher une moto, même si ça n'était pas si loin que ça. Lorsqu'il était petit, son oncle Lee l'emmenait faire des tours sur sa Royal Enfield, et Johnny reconnaissait volontiers que c'est à cette époque, déjà, qu'il avait attrapé le virus. Ce n'est pas si compliqué à comprendre : quand on a grandi dans une absence des liens affectifs les plus importants, on est comme dans une prison, enfermé de l'intérieur, rêvant d'air libre, de paysages lointains. C'était cela dont il rêvait, devenir grand, être un homme, être libre, un homme libre.

ZLAP
(GREG)

Il n'y avait pas grand-chose de commun entre eux. La star française baignée dans le rock and roll depuis l'adolescence et le jeune Polonais émigré qui avait commencé par apprendre le piano avant de se diriger vers l'harmonica. Peut-être les origines modestes, les souvenirs plus ou moins flous de déracinement, la vague sensation de se sentir en même temps un peu étranger et un peu chez lui partout.

Et puis un harmonica, justement. Avec ce petit instrument dont il joue si bien qu'il est devenu une référence mondiale, et l'un des Polonais les plus célèbres dans le monde, Greg Zlap a pu faire la connaissance de Johnny Hallyday en 2007. Une rencontre hasardeuse, c'est le moins que l'on puisse dire.

« Moi, je ne connaissais pas les chansons de Johnny », raconte Greg Zlap.

C'est Yvan Cassar qui l'a contacté au moment où Johnny préparait l'enregistrement d'un album et avait besoin de travailler avec un harmoniciste. À vrai dire, l'idée était d'employer Greg pour les maquettes, et il n'était pas question alors qu'il participe à l'enregistrement de l'album. C'était déjà une aubaine et le jeune Polonais était tout heureux de faire de son mieux pour rendre un peu de la confiance qu'on lui accordait.

À l'écoute des premières maquettes, Johnny s'est figé. Il était intrigué par le son produit par cet harmoniciste inconnu.

« Qui joue ?

— C'est Greg, un Polonais qui habite Paris.

— Comment ça se fait que je ne le connaisse pas ? C'est lui que je veux. »

Johnny avait déjà travaillé avec des harmonicistes, notamment avec le formidable Christophe Dupeux. Cela n'avait jamais dépassé le cadre d'une simple collaboration, comme un chanteur peut en avoir avec tel ou tel musicien. Avec Greg, ça allait être autre chose.

« Autant que je me souvienne, il s'agissait de réaliser un enregistrement pour la publicité Optic 2000, raconte Greg. Avant de commencer, et c'était la première fois qu'il me voyait, Johnny m'a demandé :

« Greg, est-ce que tu joues sur un Marine Band ? »

« Sa question était déroutante car le Marine Band est un modèle d'harmonica très précis que personne ne connaît à moins d'être un grand spécialiste. Ce que Johnny était apparemment. »

Le jeune homme commençait à se demander où il était tombé. La réputation de Johnny, sa célébrité, le respect et l'admiration que tout le monde lui vouait, c'était déjà impressionnant. S'apercevoir que ce géant était capable d'aborder avec une grande humanité une rencontre avec un inconnu, c'était autre chose. Une sorte de révélation. Ça aurait dû mettre Greg à l'aise, mais plus les choses avançaient, plus il était contracté. Tout allait tellement vite. Il était passé des maquettes à l'enregistrement de l'album, voilà qu'il avait maintenant des conversations de pro avec le boss, qu'est-ce qui pouvait bien l'attendre encore ? En fait, une offre à laquelle il n'aurait jamais rêvé. En sortant de la cabine d'enregistrement, Johnny lui a demandé, encore une fois en toute simplicité : « Est-ce que tu veux partir en tournée avec nous ? » Là, il avait de quoi se demander s'il ne rêvait pas.

C'était le début d'une étonnante relation qui allait durer près de dix ans, avec beaucoup de hauts et jamais de bas. Intelligent, intuitif lui aussi, Greg n'avait pas de mal à comprendre ce que Johnny attendait de lui. La star ne voulait pas d'un joueur d'harmonica qui vienne s'ajouter à son groupe. Il voulait plus, beaucoup plus.

« Je devais inventer la place de l'harmonica dans ses chansons. À moi de la trouver. »

L'humanité de Johnny, sa volonté de fonder toute leur relation sur la confiance mutuelle, alors qu'ils appartenaient à deux mondes différents, quand même, tout a été fait dès le début pour rassurer Greg, le mettre en confiance. Sans cesse Johnny lui rappelait qu'ils n'appartenaient pas à deux mondes différents, justement, mais au même monde, celui de deux musiciens qui parlaient la même langue.

Dès la première tournée, Johnny décidait d'aller un peu plus loin dans sa mise en avant de Greg. Il a commencé par lui demander s'il pouvait faire un solo sur la chanson *Gabrielle*, ce qui était encore une fois un événement. « Ensuite il m'a dit : Tu vas pas rester comme un piquet derrière le micro lorsqu'on fera le show. Il faut que toi aussi tu joues, que tu te démènes, que tu finisses par terre. »

« Je ne croyais pas ce que j'entendais. Aucun chanteur n'avait jamais laissé une telle place à un musicien. La peur que le musicien lui fasse de l'ombre, sans doute. Sauf qu'avec Johnny, ce n'était pas possible de lui faire de l'ombre. Quoi qu'il arrive, il restait le boss. »

Peu à peu, Greg est devenu célèbre et les fans se sont intéressés plus particulièrement à lui. Sans doute sentaient-ils qu'au-delà du talent de ce jeune musicien, il y avait cette sorte de filiation avec Johnny, la volonté de celui-ci de toujours aider Greg un peu plus. C'était la preuve d'une véritable affection, et aussi la reconnaissance artistique d'un musicien que Johnny considérait comme prodigieux. Il restait professionnel avant tout et même avec la plus grande sympathie, n'aurait jamais cherché à promouvoir un musicien sans grand talent. Au contraire, Greg le comblait :

« Ce qui est différent avec toi, c'est que tu ne joues pas de l'harmonica, tu chantes avec ton harmonica. »

Ce sont des mots qui marquent.

Désormais, Greg faisait partie du show. De plus en plus on lui parlait du duo avec Johnny. Ils étaient aussi liés par une même fascination pour les États-Unis. Souvent, Johnny disait à Greg : « Pourquoi tu ne t'installes pas aux USA ? Il y a du blues, tu aurais du succès. » Il le pensait, bien sûr, comme à un vieux rêve qu'il aurait caressé un jour pour lui-même. Mais il était heureux aussi que Greg lui reste fidèle.

Au-delà de leur fascination pour la musique, le blues, les USA, au-delà de ce langage commun qu'ils parlaient sans cesse, il y avait autre chose : l'un, avec son enfance bouleversée, l'autre, Polonais né à l'ombre du Rideau de fer, ils avaient cherché le souffle de la liberté depuis si longtemps. Et sans cesse. C'était une quête éperdue et elle les unissait plus que tout.

En dehors de la scène, Johnny s'intéressait aux projets de Greg, le conseillant lorsque celui-ci commençait à travailler sur un album.

En 2009, la relation idyllique aurait pu être brisée. Tombé gravement malade à Los Angeles, Johnny se retrouvait entre la vie et la mort et en tout cas dans le coma.

« Ce fut une époque frustrante pour moi, je n'arrivais pas à prendre de ses nouvelles. Je n'avais pas son numéro de téléphone et personne pour me permettre de le joindre. Quelques mois plus tard, tout allait mieux pour lui, et nous n'avions pas repris contact. Un jour, Mathieu, le coiffeur de Johnny, qui m'aimait bien, a décidé d'organiser des retrouvailles. Le lieu choisi était un salon, rue Danièle Casanova, à Paris, où Johnny faisait sa couleur... J'étais très mal à l'aise. J'avais peur qu'il me prenne pour un ingrat et m'en veuille de ne pas avoir pris de ses nouvelles. Au contraire, il a commencé à m'interroger sur moi, ce que je faisais, ce que je projetais. Je lui ai parlé de mon album. "Ah bien, si tu veux je t'aide.

— Tu viendrais chanter sur mon album ?

— Bien sûr. Prends mon numéro et tu m'appelles quand tu veux."

Après la première tournée, le directeur musical a changé et a voulu placer ses amis musiciens — je n'en faisais pas partie. J'avais la sensation que je dérangeais.

L'ambiance avait changé. Jusqu'au jour où il a été décidé qu'on supprime *Gabrielle* du spectacle. Et puis Johnny a parlé : "On garde *Gabrielle*, et ce sera avec Greg."

Par la suite, il m'a emmené aux USA et jusqu'au bout je l'ai accompagné pendant la tournée des Vieilles Canailles.

Il y a un endroit de sa vie où personne ne lui a jamais dicté ce qu'il devait faire, c'est dans la musique. »

CRÉDITS

Page 6 : © ZUMA Press, Inc./Alamy Images
Page 8 : © ZUMA Press, Inc./Alamy Images
Page 16 : © Cinematic/Alamy Images
Pages 20-21 : © Moviestore Collection Ltd/Alamy Images
Page 42 : © Keystone Pictures USA, Keystone Press/Alamy Images
Page 48 : © A.S.L/Globe Photos/ZUMAPRESS/Alamy Images
Page 64 : © Francos Films/Incei Film/Diltz/Bridgeman Images.
Page 72 : © Keystone Pictures, USA Keystone Press/Alamy images
Pages 84-85 : © kpa Publicity Stills/United Archives GmbH/Alamy Images
Page 88 : © AGIP/Bridgeman Images
Pages 102-103 : © BRUNO FAHY, Belga News Agency/Alamy Images
Page 106 : © Supplied By Globe Photos Inc/Globe Photos/ZUMAPRESS
Pages 116-117 : © GTCRFOTO/Alamy Images
Pages 122-123 : © J.-C. Moireau. All rights reserved 2024/Bridgeman Images
Page 126 : © AGIP/Bridgeman Images.
Page 140 : © Abaca Press/Alamy Images
Page 148 : © Keystone Pictures USA, Keystone Press/Alamy Images
Page 157 : © Universal Music France/Bridgeman Images
Page 162 : © Pictorial Press Ltd/Alamy Images
Page 168 : © Universal Images Group North America LLC /Alamy Images
Page 182 : © Tony Frank
Page 190 : PA Images/Alamy Images
Page 194 : Universal Images Group North America LLC/Alamy Images
Pages 198-199 : © REUTERS/Philippe Wojazer/Bridgeman Images.
Page 204 : © Keystone Pictures USA, Keystone Press/Alamy Images
Page 208 : © P.I.P/Globe Photos/ZUMAPRESS/Alamy Images
Page 218 : © P.I.P/Globe Photos/ZUMAPRESS/Alamy Images
Page 232 : © Abaca Press/Alamy Images

Cet ouvrage est composé de matériaux issus de forêts bien gérées certifiées FSC®, de matériaux recyclés et de matériaux issus d'autres sources contrôlées.

Le Forest Stewardship Council® est une organisation internationale non gouvernementale qui encourage une gestion écologiquement adaptée, socialement bénéfique et économiquement viable des forêts de la planète. Pour en savoir plus, consultez le site www.fsc.org

FSC www.fsc.org
MIXTE
Papier | Pour une gestion forestière responsable
FSC® C022829

Achevé d'imprimer en septembre 2024
sur les presses de la Nouvelle Imprimerie Laballery
58500 Clamecy - 408157
Dépôt légal : octobre 2024

Imprimé en France

La Nouvelle Imprimerie Laballery est titulaire
de la marque Imprim'Vert®